后亚文化时代中国传统文化的网络化生存

冯　兆　著

九州出版社
JIUZHOUPRESS

图书在版编目（CIP）数据

后亚文化时代中国传统文化的网络化生存 / 冯兆著
. -- 北京：九州出版社，2022.12
ISBN 978-7-5225-1211-2

Ⅰ．①后… Ⅱ．①冯… Ⅲ．①计算机网络－影响－中
华文化－研究 Ⅳ．①K203

中国版本图书馆CIP数据核字(2022)第182404号

后亚文化时代中国传统文化的网络化生存

作　　者	冯　兆　著
责任编辑	云岩涛
出版发行	九州出版社
地　　址	北京市西城区阜外大街甲35号(100037)
发行电话	(010)68992190/3/5/6
网　　址	www.jiuzhoupress.com
印　　刷	定州启航印刷有限公司
开　　本	710毫米×1000毫米　　16开
印　　张	11
字　　数	180千字
版　　次	2022年12月第1版
印　　次	2023年1月第1次印刷
书　　号	ISBN 978-7-5225-1211-2
定　　价	68.00元

前 言
Preface

相信最近几年很多人都有同样的感受："文化自信"已经由一个略为抽象的口号，变成了一种渗透在各个领域的具体现象，尤其是在文化消费领域，不管是文化类节目在媒体平台实现的口碑与收视的双赢，抑或是传统文化元素一夜之间成为各类时尚消费的"流量密码"，都似乎预示着在文化自信观照下的一股消费热潮的兴起，与此同时，一些新的文化力量也在互联网生态中悄然崛起。互联网技术的发展是形成这些现象的催化剂，互联网也通过改变文化所依附的生态环境，为文化的生存和发展制定了全新的生存法则，因此，这个时代对于中国传统文化而言机遇与挑战并存的，本书正是通过探寻这些法则，为中国优秀传统文化在这一时代的血脉传承寻找"网络化"的生存路径。

后亚文化是与互联网生态血脉相连的一种最为瞩目的文化景观之一，著者认为甚至可以用"网络（互联网）亚文化"的称谓来概括其现阶段的属性。在本书的视角中，它被视作伴随互联网"草根狂欢"而兴起的一种次生文化，而 20 世纪在西方国家兴盛一时的青年亚文化可以被看作网络亚文化的前身，两者均伴随着特定群体的独特的消费方式、价值需求，构建起极具文化辨识度的表意实践模式。如今互联网的用户规模也让后亚文化拥有了被重新进行价值审视和扩大传播渠道及覆盖面的机会。我们甚至可以将现阶段的后亚文化比喻成一种繁衍速度极快的生物，其不仅传播（繁衍）速度极快，还可以依靠汲取生态环境中的其他文化的营养，逐步实现对整个社会的"占位"。为了厘清后亚文化的生存发展脉络，本书对其进行了溯源——我们在最开始的章节便谈到20世纪兴起的青年亚文化研究热潮，主要着眼于两大领军学派——芝加哥学派和伯明翰学派，这两个学派在谈论亚文化时，似乎总是会不由自主地用一种与"正轨"对立的框架去审视其存在——即使其中的一些学者们对于这种"越轨"的性质界定给予了相对理性的评判，如反思定义"越轨"时存在主观性和偏见性的可能。无论是从"越轨""问题解决"的角度，还是"被流行收编"的视角，这些青年亚文化的书写背后，都是滚滚向前的历史车轮，以及让青年们措手不及的社会结构变化。于是，象征性的反抗大旗被这些人称"麻烦青年"的青年亚文化群体高高举起——他们用服饰、音乐以及各种群体性的、仪式性的形式象征性地表达着对于"主流"或"父辈"所制定的规则的反抗与不屑一顾，形成了青年亚文化独特而显著的风格——而到了后亚文化时代，在互联网的特殊消费语境中，它演变成为一种更为碎片化的、游离的、符号化的消费品，也使"娱乐青年"取代了"麻烦青年"，离经叛道的社会规则挑衅与阶级对垒转变成了数字化的"风格超市"中目的模糊的随性消费以及自恋表达。

更值得关注的是青年亚文化的地位转变——作为数字原住民的青年一代，以"另一种人"取代了"下一辈人"的身份定义，逐渐成长为数字时代的中坚力量，并因此担负起向上一辈进行文化反哺的责任。这种由后辈向前辈传递"文化法则"的现象在网络时代日益显著，被定义为"后喻性"的。在后喻文化的视域下，"另一种人"所创造和追随的后亚文化得到了更为友好的生存环境，逐步从少数的、边缘的、越轨的小众文化，成为互联网时代最为显著而活跃的文化之一，并因其文化的扩张性和"杂食性"而逐渐向其他文化领域不断渗透，进而成为我们研究传统文化网络化生存所无法回避的背景和语境。

这些游离而不忠的、情感化的、追求新奇的、后喻性的后亚文化风格缔造者，重塑着传统文化在互联网时代的传播形态和价值外观：网络用户碎片化的消费习惯，以轻量化、小切口的模式"拆解"着以往习惯宏大表达的传统文化文本，使其成为草根参与下的微观的、个性化的表达；文化景观在后亚文化的符号化再造之下，成为边界与形态波动不止的"水中倒影"，恶搞、挪用、盗猎、结盟、协同——互联网亚文化的"散兵游勇"与试图控制传播的资本之间的关系发生着微妙的变化，亚文化与流行文化之间的关系也开始变得暧昧含糊，若即若离又纠缠不清。但无论如何，文化在网络参与者的协同创作与多元叙事下，在一定程度上实现了顺应新的消费需求的演变与革新。例如，游移而不忠的后亚文化消费群体对新鲜事物的热切渴望，驱使着传统文化重新定义其文化价值的承载形式——藏于盲盒之中的"玩具"与收藏于博物馆中的文物同样成为中国文化传承的载体，一些传统文化的传承者致力于打破圈层壁垒，并通过新媒体渠道振臂高呼："只有被看见才能被热爱！"在"被看见"的需求驱动下，创意成为传统文化生命价值存续的重要支撑力，传统文化的流通性与其消费价值开始紧密相连。后喻性的文化传播氛围，让"高高在上"的传统文化开始尝试降维式的内容再造——表情包、二次元都能成为融入后亚文化语境的传播工具。值得一提的是，"父辈"的、"过去"的文化符号也重新成为值得消费的流行元素，这些与后工业文明格格不入的文化特征成了差异化的消费吸引力，"手工的""原始的""古朴的"成为传统文化内容营销中大写加粗的关键词。从某种意义上来说，这种内容消费的驱动力实际上是复刻了早期的青年亚文化中的"问题解决"思路——以象征性的叛逃淡忘现代社会快节奏之下的无措感与压迫感。

当我们深入了解了后亚文化生态以及身在其中的文化消费者以后，驱动其成为传统文化传播的协作者就成了更加水到渠成的事。在社交媒体时代，任何文化或内容最好的传播效果都需要靠人们的主动分享来实现，而基于社交目的的分享驱动力根植于人类的基因之中。当考察了数千年前庞贝古城的留言墙与如今的微博、微信朋友圈的相似性之后，我们更加笃定地相信，人类对于其所认可的内容的分享欲是"刻"在基因里的，只要使用合理的手段，就可以激活这种分享欲，并让传播成为一个"让所有人告诉所有人"的扩散过程。同时，互联网，尤其是社交媒体的出现，使得这种扩散方式如超级病毒的传播一样迅速而势不可当，也让"被分享"成为这个时代传统文化获得长久生命力、真正依靠口口相传的文化传播实现中华民族文化繁荣与自信的重要路径。为了阐明如何驱动"分享"，本书探索了人类的一些心理共通性，如攀比心理、互动需求等，这些都是实现这种驱动力的支撑要素，但对于传统文化而言，最为重要的是一种根植于文化共同体之中的价值共鸣，这是当前这一时代背景下传统文化生存模式的一种重要思路，即我们国家的传统文化本身就是与我们血脉相连的，是我们认识自我、实现自我价值与精神归属感的原动力，这对于促动分享而言是具有先天的情感优势的，尤其是近年来，中华民族的民族自豪感、文化自信、爱国热情等本就随着我们综合国力的增强而获得显著提升，因此这是一个对于传统文化传播而言非常利好的时代。人们基于最本质、朴素的民族文化情感，本就更乐意分享优质的传统文化相关内容，如基于我国传统文化 IP 的动画电影上映时涌现出的一大批互联网用户，他们主动分享积极的观影体验，为影片摇旗呐喊，被戏称为"自来水"。而面对这样的"先天优势"，传统文化的传播者要做的最重要的功课之一，就是不断提升人们的文化消费体验。

体验感的提升也可以成为一种竞争优势，成为特定文化产业"活化"的重要手段。在后亚文化时代，乐趣是体验中的重点，参与性与主动性是体验感产生的必要条件，而互联网技术赋予了文化产品全新的体验模式，可以说，在互联网视域之下，完全被动的消费或服务几乎失去生存空间，用户的参与痕迹成为评判互联网产品好坏的参考因素之一。对于后亚文化时代的消费者而言，趣缘圈层的建构、情感需求的刺激与满足、个性化表达空间的提供、产品更新迭代的速度等，都可以影响其体验感的好坏。而传统文化可以在场景打造、过程活跃度的维持、消费体验的可回溯（分享）性上形成营销闭环，以稳定且良好的消费体验，将不同圈层、不同传播渠道、不同传播者、不同技术手段、不同语态的文化符号进行融合再造，构建起全新的消费文本，实现传统文化的网络生存空间的拓展，以一种历时性与共时性融合的视角看待传统文化资源的动态开发。总之，我们希望通过强调体验将传统文化内化为无数个参与其中的消费者日常生活的一部分，这将扩大传统文化的渗透力与渗透范围、延续文化的生命力。

　　在第五章，我们将传统文化在当今时代的生存探讨放置到全球化的语境中。文化的全球化已经成为一个庞大背景，构建起我们对本土文化价值空间的全新认知。文化"走出去"战略也是实现文化自信的一环。对于当今的中华传统文化而言，关于民族文化特色的捍卫与文化全球化这一特殊语境并不矛盾，相反，2000 年之后，文化资本的全球化发展与全球性文化产业概念的提出使得"本土"文化成为一个更为复合的概念——"新部族"在互联网的文化实践过程中，进一步将本土文化符号与跨文化的符号系统糅杂在一起，而全球区域力量的转变、中国综合国力的崛起、互联网对于多元文化共同在场的赋权等，都让中国传统文化在文化全球化背景下走入了新的发展阶段。"新中式""国潮""中国风"等时尚关键词的刷屏，以及中国网红所创造的互联网时代全新的文化输出方式，都让我们看到了文化全球化背景之下，国人乃至全世界人民对于中国文化日趋高涨的消费热情，也让我们看到了文化全球化背景之下中国文化的创新发展契机，即基于不同地理区域的文化叙事者的思维碰撞，以及消费主义与爱国主义的融合话语、传统文化符号的创新再造。文化在跨文化语境中是否会遭受"外邦文化"干扰、异化，进而影响本土文化的原真性与纯粹性？这样的担忧总是与新形态下的传统文化发展相伴随。但在后亚文化时代，纠结本土文化的"血脉纯粹"并无太大意义，互联网带来的"液态"社会以及后亚文化消费群体对固化圈层的不屑一顾，使得任何国家的传统文化都将向着更多元、更包容的方向发展。对于中国传统文化而言，这种文化演变模式并非文化的异化或在全球化初期频繁被提及的"西化"，而是一种值得辩证看待的中国传统文化的现代化发展路径。对此，我们似乎没有选择——过度的保守在这个时代意味着文化生命的奄奄一息，我们不可否认中国传统文化在全球化、网络化的生存中所面临的种种价值危机，如进行传统文化输出的"网红"与资本的捆绑导致的符号变形与价值歪曲，但风险与机遇总是并存的，我们只能上下而求索。

关于生存的最直接问题，就是如何变现。当然，我们对于如何助力传统文化融入互联网及后亚文化生态中的探讨，实际上都无法完全避免对其商业价值的期待。在一切皆有可能发生的今天，传统文化的商业价值可以通过无数路径实现，而内容付费则是一个最为"简单粗暴"且明码标价的路径，且在精神消费欲望空前增长、互联网覆盖率日趋提升、后疫情时代对于线上消费需求产生强刺激的当下，互联网内容付费领域未来可期，而内容付费则可以成为任何内容获得生存可能性的一种手段，因此其也成为我们在第六章探讨的首要内容。

纵观各类内容消费平台，传统文化早就成为内容付费领域中的一员，甚至可以被称为佼佼者，一些知名学者的传统文化讲学在互联网平台上获得上亿播放量已不是奇观。无论是对于功利性还是非功利性诉求的消费者而言，对于传统文化的消费都可以让他们成为一个充满"消费优越感"的圈层，而付费为这一圈层带来的准入壁垒，对于进一步提升消费忠诚与消费认同而言是有积极作用的。同时，除对内容的精耕细作以外，IP 化的产品打造思路也是增强内容消费驱动力的因素。对于后亚文化的"新部族"而言，传统文化的付费意愿，不仅建立在大师们的国学讲堂之中，也可以基于朴素的乡土手艺人的怀旧乡愁与情感皈依，在这种符号糅杂的多元消费之中，构建起既和谐又冲突、既复古又新潮、既高雅又"草根"的传统文化的新景观。

值得注意的是，在探讨中国传统文化的变现思路时，文化效应与经济效应的统一理应成为关键点，而寻找一种融于日常生活场景中的文化消费方式对于实现两种效应的平衡是有所助益的，正如让文化成为可穿戴的消费品的汉服，就是既能满足以"求美"为驱动力的消费需求，也能满足民族文化认同感的"日常化"的消费品。在最后一章，我们围绕汉服展开了关于文化生存模式的讨论。让每个中国人的衣橱里都有一件汉服，是汉服生产商的愿望与目标，而近年来汉服热的兴起，过百亿的汉服电商销量，也确实让我们看到了基于圈层消费热情的传统文化在后亚文化时代的生存可能性。通过与 100 位汉服爱好者的对话，我们似乎能摸索出一种传统文化在后亚文化时代的消费特征——特定的亚文化圈层是此种消费热潮的发祥地，但随着资本、媒体的介入及圈层规模的扩大，其内部的分裂也逐渐显著起来——捍卫汉服文化"原真性"的保守派与支持文化形态创新的革新派的对立、圈层门槛的捍卫者与唾弃"抱团"的"野袍子"之间的意见冲突等，都让我们看到了并非铁板一块的文化内部结构，这对于后亚文化群体而言实属常见，这可以被视作对于被流行"收编"的恐慌与"被看见"的欲望之间的冲突，以及文化风格、意义的展演者们与漫不经心、游离圈层的娱乐青年之间的冲突。总之，后亚文化的消费驱动力本身就暗含矛盾——它既包含着一种希望脱离大众审美的"与众不同"的身份表达，又包含着一种"被看见"的愉悦与满足。无论如何，汉服作为一种文化象征以及社会抱负表达的载体，给予了消费群体极大的精神满足，尤其是对于青少年群体而言，对汉服的消费驱动力之一就是一种"与众不同"的身份表达，一种"被看见"的愉悦与满足。

不过，这些意见的分裂并没有阻碍人们的消费，只是在大的文化景观之下又分化出了更为多元的微景观，这是互联网时代的优势，即在互联网时代背景下，每一种个性化的意见或偏好似乎都能够寻求到满足渠道与"同好"。这对于文化而言也是有意义的，多元化的消费者与其意见表达呈现出一种意义再造的形式，为文化提供了更为多样的生存空间，我们也就此得以窥见后亚文化语境下传统文化的生存方式——它既可以是宏大而抽象的，也可以是微观而具象的；它可以既是庙堂之上的，也是市井之中的；它可以是普众化的"流行图腾"，也可以是小众圈层的"精神皈依"。总而言之，"存在即合理"似乎成为互联网时代的一种实践维度的真理，也让本书对于传统文化的生存之道的探索永远充满遗憾——文化在这一时代的可能性就如同广袤宇宙的繁星，著者只能用肉眼有限感知、尽可能描述其光芒，但却永远无法洞察、探尽其全貌。

目 录
Contents

第一章　后亚文化与中国传统文化：背景、概念、特征与发展契机

第一节　从亚文化到后亚文化

一、研究的先行逻辑

从亚文化（Subculture）这一名称的字面特征，就可以明显感受到它的出现，一开始伴随着一种"被发现""被审视"的特征，带有参照主流文化的他者化、奇观化、相对性与次生性。如同哥伦布发现新大陆上的原住居民一样——来自"主流"世界的开拓者们，对于"非我族类"的文化探索，一开始总是不可避免地带着玩味的清高心态：一边观察其文化图景并试图对一些资源加以驯用，但又一边警惕、戒备、恐慌其"异质化"对"我类"可能存在的威胁。

实际上，在 20 世纪 30 年代亚文化的正式研究出现以前，西方社会关于亚文化群体的相关描述早已展开，这些最早期的描述与讨论基本都遵循了上述的"开拓者"心态，奠定了一种亚文化研究的先行视角或逻辑：一种区别于"主流"与"正常"群体之外的社会文化观察。此类探索可以追溯到 16 世纪中叶的英格兰，在当时的相关文学描述中，一些被视作影响社会秩序、好逸恶劳、挑衅主流社会价值观的群体开始大量出现，如地痞流氓、骗子、妓女、盗窃者等，这种对于边缘人群的排斥性、否定式书写持续了近五个世纪。19 世纪的英国记者甚至将街头百姓分为两类："愿意工作的人"和"不愿意工作的人"[①]，这一划分方式中强调的对立性昭然若揭。这种划分方式中的那些所谓的不贡献社会价值的群体，即被定义为亚文化身份的群体，是

---

① 孟登迎."亚文化"概念形成史浅析 [J]. 外国文学，2008（6）：93-102，125.

由"占支配地位的群体不无顾虑地描绘和分类而成的"①，而这种对于社会边缘人群的深入探讨，逐渐形成了以"阶级"为核心的文化边界划分。亚文化主体在与"模糊主体"（"主流"是对这种主体较为常用的称谓）的二元对立中衍生出了其带有抵抗性色彩的、围绕"风格"构建的研究路径，并形成了一种研究现代社会复杂结构的民族志探索路径。

二、研究的正式起源：芝加哥学派

对于亚文化的正式研究始于芝加哥学派。20世纪40年代，社会学学者弥尔顿·戈登从社会区隔所形成的部分人群精神困惑的行为表征中，提炼出了这一具有边缘性、异质性的文化表达。早期的芝加哥学派的领军者非罗伯特·帕克莫属，他敏锐地洞察到了在美国工业社会的转型与迅猛发展时期，贫富差距下的阶层割裂所带来的新的社会群体的形成，即处于社会边缘的、与主流对立存在的"越轨"群体。帕克及其研究团队，以社会解组（Social disorganization）的理论范式，观察到了工业化迅猛发展背景之下都市中"越轨"的亚文化行为和群体的产生，在青年亚文化研究方面取得了范围和方法上的突破性进展。同时，都市边缘人群的行为及其文化也正式进入美国社会学的研究视野。到了1955年，以美国社会学家阿尔伯特·科恩为代表的一众学者，将这一"越轨亚文化"的视线更多地集中到了下层阶级的青少年群体中。科恩的著作《越轨男孩：帮伙文化》创造性地提出了"问题解决"（problem-solving）的研究思路，即将亚文化视作青少年在当前社会背景下，面对与主流文化价值观的格格不入、生存与身份认同困境的一种象征性的抵抗以及"问题解决"手段。"问题解决"思路的提出，对于亚文化的早期研究具有里程碑般的意义。科恩

---

① Kengelder.*The subcultures reader:second edition*[M]. London and New York: Routledge, 2005: 4-5.

指出，新文化产生的关键条件在于拥有"一定数量的面临着相同的适应调节问题且相互之间有效互动的行动者"[①]，该视角对于我们研究互联网时代后亚文化中各类文化圈层的建构仍是具有参考意义的。作为芝加哥学派的后期代表人，霍华德·贝克尔对于"越轨文化"的社会学研究同样延续了"问题解决"的思路。例如，贝克尔将朋克所表现出来的无政府主义、混乱、愤怒、极端喧闹的风格表达视作对于"20世纪70年代笼罩英国的高失业率和经济混乱做出反应"，认为"朋克不是问题，而是解决问题的方法"[②]。提到朋克，不禁让我们进一步联想到这种风格的"近亲"——在信息科技的武装之下表达反乌托邦精神的赛博朋克（cyberpunk），在互联网时代，这种致力于隐喻人与科技之间的脆弱关系，以幻想未来、主张后工业式的反乌托邦"暗黑"风格的赛博朋克依然不乏文化追随者，虽然相比于以性手枪乐队为代表的愤怒而混乱的朋克的"原始"风格，后亚文化时代的赛博朋克群体更多地以偏向于悲观主义的科幻内容的文化消费来展现风格、建构身份标识，但其文化的形成依然被视作"问题解决"思路的延续，不同的只是其所面临的"问题"而已——对于赛博朋克而言，其面对的问题主要来源于科技为生活带来的挑战与威胁，同时部分赛博朋克的文学中依然带有对阶级的描述——关于底层的小人物在虚拟的数字世界中拯救世界的故事。

霍华德·贝克尔在其著作《局外人：越轨的社会学研究》中的一大创举，是把"研究亚文化的焦点从规则破坏者，转移到了规则的制定者"[③]。他引入了"标签理论"来阐释越轨行为中的亚文化的"他者"位置，认为是主流社会的规则霸权式地创造了越轨，强调了社会群体的权利分化对于他人行为标签的决定作用，突破性地为我们解释了亚

---

① 陶东风，胡疆锋.亚文化读本 [M].北京：北京大学出版社，2011：8.
② 陶东风，胡疆锋.亚文化读本 [M].北京：北京大学出版社，2011：58.
③ 陶东风，胡疆锋.亚文化读本 [M].北京：北京大学出版社，2011：14.

文化群体越轨行为的社会成因，而其关于"如何定义越轨？""谁在制定规则？""标签真的可靠吗？"的叩问，为我们提供了一个重新审视所谓的文化合法身份的视角，也为我们解读后亚文化时代，随着互联网群体身份结构的变化而催生的"什么是主流文化""什么是亚文化"的认知问题提供了一个开拓性的参考思路。贝克尔的理论成了伯明翰学派发展亚文化研究的基础，在《通过仪式抵抗》的前言中，伯明翰学派的霍尔直接将贝克尔的《局外人》定义为其研究的起点。

三、研究的发展：伯明翰学派

在 20 世纪 70 年代至 80 年代晚期，伯明翰学派开始逐渐取代芝加哥学派，成为研究亚文化的核心力量。伯明翰学派延续和借鉴了芝加哥学派"标签理论""问题解决""文化与社会"等理论研究方法与传统，还进一步融入了更为丰富的文化视角作为支撑（如葛兰西的霸权理论），将该文化看作一种大型系统或巨型文本，并创造性地以"风格"作为研究青年亚文化、实现"仪式性抵抗"的关键加以研究。在伯明翰学者的眼中，无论是"摩登族""无赖青年"还是"光头仔"，这些外表和行为举止看上去离经叛道（对于该群体外而言）又和谐统一（对于该群体内部而言）的青年亚文化群体，正是通过"拼贴""反叛""同构""表意实践"等文化消费方式实现风格的构建，从而表达出自己对当前社会体制、统治阶层的仪式性抵抗。伯明翰学派把这视作一种社会、历史等因素综合作用下的文化主张，认为其能够帮助青年亚文化群体挣脱身份焦虑的泥沼，构建群体认同和自我身份认同，解决问题（即便是象征性的）。在伯明翰学派的代表性著作——迪克·赫伯迪格（1954）的《亚文化：风格的意义》中，对于亚文化如何通过风格赋予物体意义的过程进行了相当详尽的探讨，并对其干扰资本主义霸权的强大影响力做出了肯定。在赫伯迪格看来，青年亚文化制造了某种独特而有震撼意义的文化景观，使得主流资本不得不对其另眼相看——这种另眼相看既不允许不屑一顾地排斥，也并非全身心地融入与拥抱，而是一种"暧昧含糊的关系"①，即在消费社会的视域下，当青年亚文化的风格形成一定的影响力之后，资本就会试图对其进行流行化的再造与收编，如将朋克服饰上的安全别针进行批量化的生产，或是将其鸡冠头作为发廊吸引顾客的潮流指标等，利用其来引导大众追随，从而使其从非主流变为流行，同时利用媒体话语和流行文化的包装手段最大限度地弱化亚文化中的他者性。赫伯迪格对这种资本的"收编"感到十分沮丧，认为这会让"亚文化一步步逼近死亡"②。

伯明翰大学的当代文化研究中心（CCCS）认可雷蒙德·威廉斯对文化是一种"整体的生活方式"的说法，这从一定程度上对于传统的将精英文化与大众（流行）文化进行价值区分的论调进行了修正，也就重新修正了人们关于媒介与青年亚文化之间关系的看法——从被媒介和资本驯化、异化、操纵的，令人焦虑的、几乎毫无价值的、如同病症一般的青年文化消费，修正为积极的、有反抗精神的，能够通过"盗用"商品符号创造积极意义的挑战性的文化消费，这时，拼贴和同构成了"媒介文本在被亚文化群体吸收和重新语境化"③的关键词。

持这种论调的学者认为，青年亚文化本身就无法避免置身于商业世界，它们与大众文化、与资本之间存在相互利用的关系，"对主文化来说，它既是潜在的对手，也是收编的对象；它是商业文化的对立面，也是大众文化的同谋，被收编的亚文化'半推半就''乐见其成'……换得经济资本和社会资本，不同程度地失去抵抗性，与大众

---

① 赫伯迪格.亚文化：风格的意义 [M].陆道夫，胡疆锋，译.北京：北京大学出版社，2009：94.

② 赫伯迪格.亚文化：风格的意义 [M].陆道夫，胡疆锋，译.北京：北京大学出版社，2009：96.

③ 陶东风，胡疆锋.亚文化读本 [M].北京：北京大学出版社，2011：339.

文化、主流文化也有了相互转化的可能"①。但也有学者断言：亚文化
的抵抗无论多么惊世骇俗或别具一格，都依然被局限在休闲和媒介消
费领域，"没有什么流行音乐的唱片、发型或裤子能够对资本主义产
生致命的一击"。赫伯迪格认为："没有什么风格的咒语能够改变制造
亚文化所使用的商品的压迫模式。"②而互联网技术赋予后亚文化人群
的文本生产参与的权利，似乎让这种关于亚文化力量的判断，以及对
亚文化与商品市场之间的关系的判断发生了微妙的变化，CCCS 所强
调的"阶级"这一青年文化原动力在后亚文化时代更是在社交媒体所
形成的生态之下越显虚无，但无论如何，这种解读为我们认知与探索
后亚文化奠定了基础。

第二节　后亚文化：概念及特征

"后亚文化"的这一概念的正式提及，出现于钱伯斯 1987 年出版
的著作——《大都市图绘：通往现在的可能性》中，而马格尔顿和魏
策尔则在给著作《后亚文化读本》合撰的导论——《究竟什么是后亚
文化研究》中，对后亚文化的研究对象做出了界定："后亚文化关注
的是新千年以来在社会变革中产生的各种青年亚文化现象，致力于揭
示青年亚文化如何在全球文化与各式各样本土文化错综复杂的重构连
接中，产生种种新的混交文化星座。"③总体而言，后亚文化可以被视
作伴随着互联网技术而出现的、新的社会文化以及信息技术背景下的

---

① 胡疆锋，陆道夫.抵抗.风格.收编：英国伯明翰学派亚文化理论关键词解读 [J].
南京社会科学，2006（4）：91.

② 陶东风，胡疆锋.亚文化读本 [M].北京：北京大学出版社，2011：339.

③ Rupert Weinzier, David Muggleton. *The post-subcultures reader*[M]. Oxford:Berg
Publishers, 2003：3.

青年亚文化的重构。对于伯明翰学派的青年亚文化的相关理论，后亚文化的研究者们多数对其进行矫正和批判性解读（当然也存在少部分的继承与精神复归）。我们将试图从这些多样化的声音和批判性的视角中归纳出后亚文化的特征，并厘清它对我们研究传统文化网络化生存的现实意义。

一、文化身份的新特征

西方学界之所以在新旧世纪之交燃起了对后亚文化研究的热情，主要驱动力就是对新的技术条件影响下的新的文化身份的探索欲。以互联网为代表的新兴媒体的产生，伴随着文化的符号消费维度的变迁，催生出了一种"身份混杂现象"①。

早期的亚文化研究，受到时代局限性对于研究者政治意识形态的影响，过度强调阶级属性，使得其一厢情愿地将其亚文化消费行为中的"斗争""抵抗"色彩夸大化。伯明翰学派将青年亚文化研究放置在马克思主义理论框架之内，将青年亚文化几乎等同于青年工人阶级亚文化。对这种窄化的研究对象持批判态度的人认为，中产阶级、女性等群体的青年亚文化被伯明翰学派所忽略，通通被工人阶级的青年亚文化"代表"，因此"从这点上刻意反映研究者的阶级背景，他们正是在这样的研究基础上将问题简单普遍化了"②。在这样研究视角下，一些简单的青年娱乐消费行为或叛逆、违法行为也被强行注入政治意识形态，并被解读为阶级斗争与政治抵抗。但后亚文化的研究者们对于"阶级"和"抵抗"已经丧失了浓厚的兴趣，甚至认为这样的字眼会形成一个将亚文化与主流文化之间过于泾渭分明的僵化的世界，忽略文化消费背后更为复杂和综合的动机。

---

① 李闻思. 邪典电影：一种亚文化的历史 [M]. 北京：中国电影出版社，2020.

② Epstein J S. *Youth culture: identity in a postmodern world*[M]. Oxford: Blackwell, 1988: 1-22.

基于这样的批判性研究思维，后亚文化研究者在对青年亚文化构建者或参与者的身份认知中，出现了如下的新的角度。

（一）风格的模糊性

从伯明翰学派开始，"风格"就成为亚文化研究的重要组成部分，伯明翰学派将风格视为亚文化的"第二皮肤"和图腾，因为它对于亚文化群体的身份构建与表达十分重要，是区分"我类"与"他者"的关键，是决定亚文化消费群体的文化认知与行为的关键。对于青年亚文化而言，其风格大多体现在衣着打扮、文化消费上，是表现其抵抗意识的关键——如光头仔的超短发型与大皮靴以及"足球流氓"的娱乐方式；摩登族"猪肉馅饼式的帽子和黑眼睛"①以及踏板摩托车；朋克愤怒的摇滚音乐和"鸡冠头"的夸张扮相。事实上，对后亚文化风格变化最为凝练的阐释，体现在其以"娱乐青年"的概念替代了"麻烦青年"的概念，即弱化了政治色彩与阶级斗争色彩，转而将关注的目光投向该文化的日常生活、消费符号、消费场景、文化资本等维度，而其构建风格的场景也转移到了虚拟的网络空间中，如通过青年亚文化风格构建中的"拼贴（bricolage）""同构（homology）"而完成风格塑造的鬼畜文化、表情包文化等，都可以视作后亚文化的典型代表。

后亚文化的研究者希望用"新部族"来代替亚文化这一称谓，因为其呈现出了与传统青年亚文化大相径庭的意义。"新部族"概念的提出者迈克尔·马菲索利认为，新部族"不是依据传统的结构性因素决定（如阶级、性别或宗教），而是根据各种各样的、变动的、经常是转瞬即逝的消费方式，其流动的边界使得成员漫游于多种的群体忠诚中……"②从而使得风格的构建成为"一个群体转移到另一个群体中去的问题"。在这个过程中，致力于某一种风格的意义表达似乎不再

---

① 陶东风，胡疆锋.亚文化读本 [M].北京：北京大学出版社，2011：120.
② 陶东风，胡疆锋.亚文化读本 [M].北京：北京大学出版社，2011：341.

被推崇，而对于时常显得漫无目的的娱乐青年的风格以及风格背后意义的"追捕"很容易无功而返。比尔·莫斯歌伯认为，像伯明翰学派所强调的——如光头仔那样基于特殊历史阶段与社会结构而形成的风格，转变成为"一系列不受任何特殊的历史时空约束的'随意漂浮'现象"①。

（二）边界的消融

后来的亚文化研究者们认为，早期亚文化研究中对于不同群体（如朋克、摩登族、无赖青年等）边界清晰度的看法其实是被夸大了的，从 20 世纪 50 年代至 70 年代青年人的媒介消费品位来看，其风格的流动及混杂性也是存在的。在以社交媒体为代表的信息技术的支撑之下，我们更是不可避免地进入了"液态"社会，在"液态"社会中，群体之间的流动、交融、互通变得随时随地，而基于阿尔伯特·科恩的理论，新文化的形成正是在一定规模群体的互动中产生，因此在这种混杂而流动的群体互动中，后亚文化的圈层总是不断形成而又不断游移着。因此，以伯明翰学派为代表的早期亚文化解读者试图通过固定研究独立封闭的亚文化群体以获得整体文化面貌的研究方法完全不适用于当下，网络时代的文化或内容消费者们应被视为游离的、即兴的、碎片化的"时尚旅行者"，而任何文化或内容消费的场域都如同"机场候机室"，"在这个浅薄而短暂的环境中，几乎没有人展现出过于显著的文化消费群体或圈层的忠诚感或眷恋感，每个人都是匆匆而过"②。在此语境下，亚文化的风格从群体（象征性的）抗争，转而成为在圈层中游移的个人表达，消费的目的则围绕着碎片化的个体身份建构、自恋式的表演展开。

---

① 陶东风，胡疆锋.亚文化读本 [M].北京：北京大学出版社，2011：342.
② 闫翠娟.从"亚文化"到"后亚文化"：青年亚文化研究范式的嬗变与转换 [J].云南社会科学，2019（4）：182.

（三）对于年龄、阶级、性别等身份构成要素的新认知

批评者认为，伯明翰学派的部分学者狭隘地把青年认定为年龄在 16 至 21 岁之间的人群[1]，在阶级上单一指向工人阶级，并且在性别上狭隘地将女青年抛弃在外，这都在一定程度上破坏了其研究的科学性。著者更愿意从更为广义而多元的角度去定义后亚文化群体。首先，在互联网的语境里，现实社会的"阶级"身份似乎被模糊化了——早在 20 世纪 80 年代的迪斯科舞厅中，文化研究者们就从银行家与穷小子的共舞场景中发现了阶层在青年亚文化场域中的消解[2]。随着自媒体的出现，由现实社会中的经济资本所支撑起来的阶级身份，更是被其他资本所代替。这时，传统的阶级属性成为后亚文化中最为虚无缥缈的存在，社交媒体则似乎成为一个更为大型的"迪斯科舞台"，青年人在外界关于其文化消费意义丧失的哀鸣与焦虑中（对 20 世纪 70 年代青年文化有所研究的约翰·博伊特认为吵闹的、短暂的迪斯科音乐使得年轻人丧失了注意力与思考能力，陷入浅薄的娱乐消费之中，不知道他是否预想到，互联网时代的碎片化消费已经突破单一场所，变成了一种席卷全人类的消费习惯），进行着对于新兴文化的互动式探索。其次，女性主义或"她经济"的日益崛起，让我们无法忽略女性在文化构建或消费领域中的角色。再次，我们甚至将"青年"身份的划分更多地与意识形态、精神状态等因素挂钩，尤其在互联网时代，文化消费的随意性、流动性、包容性愈发明显，特别是在如今中国互联网拥有高达 73% 的普及率的背景下，年龄在后亚文化群体中并不一定是一个死板而狭隘的数字——即使我们认为互联网的未来是属于"Z 世代"人群（目前指 1995—2009 年之间出生的人群）的，但网络的适老化发展趋势、不同年龄圈层的交融、代际反

---

① 闫翠娟. 从"亚文化"到"后亚文化"：青年亚文化研究范式的嬗变与转换 [J]. 云南社会科学，2019（4）：178.

② 陶东风，胡疆锋. 亚文化读本 [M]. 北京：北京大学出版社，2011：340.

哺的后喻文明等，更加使得区隔年龄的绝对边界日渐模糊。因此对于年龄上已经不是狭义上的"青年"的网络居民而言，无论是怀旧乡愁还是精神皈依，或者是圈层融合而带来的文化认同，都使得非生理意义上的"青年"人群在互联网的世界中无法回避后亚文化的影响，从而成为文化消费意义上的"青年"。因此，本书在讨论后亚文化或青年亚文化时，是将"青年"视作一个精神认知上的名词和语境，而不局限于狭窄的年龄区间。

总之，后亚文化研究者对文化消费者的重新认知与定义，对于我们重新构建（传统文化）内容的网络化生产、传播、消费的思路和语境都具有非常重要的参考意义。

二、互联网传播视域下的后亚文化特征

伯明翰学派将青年亚文化与媒体视作两个相互对立的力量，无论是制造"道德恐慌"还是试图收编，媒体对于青年亚文化而言都是代表着主流文化的一种审视者或扼杀者的身份。如果霍尔或者科恩能够感受到当今以互联网为代表的新媒体对于我们日常生活的渗透和影响，以及技术赋能之下"受众"身份与权力所接受的全新定义，他们也许会对媒体与青年亚文化的关系另做思考。马歇尔·麦克卢汉的那句"媒介即讯息"之所以被视作天才般的论断，就是因为他揭示了媒介技术的发展对于人们认知世界、改造世界可以带来翻天覆地的变化——互联网对世界最大的改变之一就是对话语权中心的消解和发散，其使每个人都成为发声者与传播者，尤其在社交媒体出现以后，社会话语权的结构发生了较大的改变，从而彻底影响了不同文化在互联网平台上的生存环境与价值构建格局。闫翠娟（2019）总结出了现代媒介对青年亚文化的四种影响："一是为青年亚文化的建构提供丰富的原材料；二是为青年亚文化传播提供广阔空间；三是帮助青年亚文化由最初分散零落的亚文化片段聚合为风格明晰的亚文化形态；

四是传播青年亚文化的风格特征，扩散其辐射范围，延长其生存周期。"①总之，在互联网生态之中，媒介与青年亚文化之间的关系变得更加错综复杂、扑朔迷离，但绝不会是简单对立的。在互联网的塑形之下，我们可以归纳后亚文化的一些特征。

（1）后亚文化具备多元化与"杂食性"的特征。其"原材料"来源于内容盈余、参与者繁杂的互联网，这使得后亚文化具备了跨文化、跨媒介、跨代际的生产、消费与表现形式。

（2）后亚文化体现出了社交媒体时代重归部落化的特征。个体在互联网世界的文化消费虽然充满偶然性与碎片化特征，但也极容易通过互联网搜索到"同好"，并与之组成一个个流动性较强的、以趣缘为核心的文化共同体，从而形成更为千姿百态、圈层之间纵横交错的文化风貌。

（3）后亚文化优势地位的显现。互联网不仅可以扩散青年亚文化的辐射范围，还在逐渐改变代际的文化力量悬殊。在以往的研究视角中，青年亚文化对父辈所掌控的主流文化的态度的关键词，无论是"抵抗"还是"叛逃"，都透露出一种处于弱势文化地位的挣扎感，而如今，随着"Z世代"（生于1995—2009年的一代人）逐渐成为互联网的消费主力，其创造与消费的后亚文化逐渐开始威胁到主流文化曾经的绝对优势地位，这使我们开始更多地看到所谓的主流文化、传统文化对于向青年亚文化融合的渴望，尽管在研究这种倾向的书写中，许多时候依然带着一种文化"下潜"的清高架势，但不得不承认的是，主流文化的主动"破圈""出圈"、年轻一辈向父辈的代际"反哺"越来越多地成为书写后亚文化时的关键词，而亚文化仅仅作为一种附属、低阶层的文化，在与"主流"的二元对立中边缘化生存的时代似乎已经一去不复返了。

---

① 闫翠娟.从"亚文化"到"后亚文化"：青年亚文化研究范式的嬗变与转换[J].云南社会科学，2019（4）：183.

三、作为一种生活方式的文化

学者雷默（1995）和迈尔斯（2000）提出，应当用"生活方式"（life style）来替代"亚文化"这一称谓，因为它能更好地用来"阐述和解释正在改变的身份政治和当代青年的各种风格联盟"[①]。"生活方式"的理论模式的一大特征，就是摒弃了以"阶级"为核心的青年亚文化影响因素，转而考察"消费行为"对于这一文化的影响。在互联网带来的全球资本主义时代，文化的内容生产与消费等实践行为，开始历史性地与普通人的日常生活全面连接起来，无论是影视戏剧、音乐舞蹈、体育娱乐还是政治活动，"都逐渐被青年人的'日常文化活动'和'媒介消费实践'纳入其中"[②]。以娱乐青年为主体的后亚文化的商业效应已经超过了"通常意义上的'主流'文化资本"[③]。我们可以归纳说：互联网时代的后亚文化是在青年群体中盛行的主导文化，对青年的价值塑造、消费实践、社交关系、自我认知等都起到非常重要的作用，"几乎每一个青年人都是部分或暂时的亚文化成员"[④]，而后亚文化正是逐渐成长为互联网时代文化和内容消费中的中流砥柱的青年群体的"一个整体的生活方式"[⑤]，其在社会文化领域的地位和价值值得被重新定义和书写。首先，必须肯定的是，如今的亚文化产业已经成为文化产业中至关重要的一环，从前被排斥在主流之外、作为"奇观"的亚文化内容、符号，如今已经被内容生产和传播者们视作"内容流通货币"，是保障其内容传播效果和影响力的利器；其次，在互联网技术对人们生活的全面渗透之下，后亚文化已经不是一

---

① 闫翠娟.从"亚文化"到"后亚文化"：青年亚文化研究范式的嬗变与转换[J].云南社会科学，2019（4）：180.

② 罗伯茨.全球性地下的文化札记：亚文化和全球化[M]//陶东风，胡疆风.亚文化读本.北京：北京大学出版社，2011：409.

③ 李闻思.邪典电影：一种亚文化的历史[M].北京：中国电影出版社，2020：169.

④ 李闻思.邪典电影：一种亚文化的历史[M].北京：中国电影出版社，2020：169.

⑤ 黄卓越.英国文化研究[M].上海：生活·读书·新知三联书店，2011：213.

种简单的文化现象，而是作为一种宏观的文化背景、时代语境或意识形态，影响着互联网生态下的所有人，甚至决定着每一种内容在互联网时代的生产、传播、消费逻辑。这就是为什么我们探讨中国传统文化的网络化生存时，试图将其放置在后亚文化的背景下进行的原因，我们意图得到一种在互联网及其文化无孔不入的"生活方式"观照下的、最具有现实意义和实践参考价值的文化生存路径。

第三节　中国传统文化的定义与现阶段生存机遇

一、定 义

一个国家的传统文化，实际上是这个国家在历史的发展长河中形成的意识形态、风俗习惯、精神文明的一种总体的表征。我国的传统文化是中华民族文明在五千年（甚至学术界认为有一万年的可能）的演化和传承的过程中，汇集形成的一种民族文化，可以代表、反映、展现我们这一民族的特有属性和风貌。

从表现形式上来讲，中国的传统文化又可按照其属性特征细分为艺术文化、饮食文化、礼仪文化、地域文化、宗教文化、服饰文化、建筑文化等大类别，而这些大类别，又可以进一步细分为大众更为熟知的诗词歌赋、舞蹈戏曲、民族菜系、茶酒文化、传统制造工艺、建筑文化、服饰文化等具体的文化实践或表现形式。而从本质上讲，中国传统文化是"以儒释道为中心的"或者说是以"尊儒"为"表象"的"法道互补"的文化结构①，是一种独特的价值观和民族的精神财

---

① 孙熙国，刘志国．全球化与中国传统文化的现代转换 [M]．济南：山东大学出版社，2009: 5，13.

富，如仁德、中庸、修己安人、以和为贵等，这些意识形态、价值共识的传承，是在全球化的时代背景下，塑造中华民族的独特风貌、实现中华民族伟大复兴的根基。托生于民族众多、历史悠久的华夏文明而出现和演化形成的中国传统文化，既博大精深又丰富多元，与希腊文化、阿拉伯伊斯兰文化、印度文化并列的对世界文明的发展产生巨大影响和做出巨大贡献的文化体系之一，因此其生存和发展不仅对于中华民族而言至关重要，对于整个世界亦具有极其重要的影响。文化的表现形式，是实现文化本质的载体，其使得文化的本质能够为人们所感知、所实践；而文化本质，是文化表现方式的"灯塔"，引领着传统文化形式在经历时代的革新后保持发展方向的正确，并塑造着文化形式的内涵，而本书正是致力于探讨中国传统文化在互联网带来的新的生态之中，以适应时代需求为驱动力所进行的形式的创新与本质的传承。

周向军与傅永军（2009）基于学界的研究成果，对于中国学界关于中国文化与现代化之间的关系界定进行了归纳总结，我们可以将之视作研究中国文化网络化生存的一种参照：第一种观点认为，我国的传统文化在道德观与价值取向上，与现代文化是冲突的，这是一种将中国的"传统"与"外面世界"的"现代"二元对立的观点，这种观点始于鸦片战争到甲午战争失败的历史阶段，在此阶段洋务运动兴起，掀起了以西学东渐为核心的爱国救亡热潮。这种观点虽然在中国闭关锁国的落后历史阶段发挥了积极作用，但也存在将中国文化贬低、矮化的时代局限性，将中国传统文化的现代化演进简单地视为了从非理性到理性、从愚昧到科学、从价值体系落后到价值体系先进等的冲突发展状态。① 第二种观点是一种并不全盘否定传统文化，而是站在中国文化发源和发展的经济环境、社会历史条件等客观性上，去

---

① 　熊黎明.中国传统文化的现代转换[M]//孙熙国，刘志国.全球化与中国传统文化的现代转换.济南：山东大学出版社，2009：12.

粗取精、去劣存优的一种文化发展观。① 而第三种观点，可以理解为将传统文化的精髓部分形成一种差异化的文化优势，用以发扬光大并与现代文明进行有机的结合。②

综合这些观点和个人见解，可以总结出：第一，中国的传统文化的确具有跟随现代社会不断演化的发展必要性，这是历史规律，也是现实需求。第二，网络文化作为当代文化中的一个不可忽视的关键组成，是传统文化在现代社会生存和发展的必经路径。国家在"十四五"规划中再次强调了数字时代传统文化产业创新与发展的重要性与必要性，强调让传统文化适应互联网时代的生态环境与生存要求，是基于构建中华民族"文化自信"这一时代命题下的核心环节，而互联网时代日新月异的信息技术，以及由此衍生出的新的社会文化特质与受众需求，都成为传统文化新的生存背景。第三，我们不可以简单粗暴地将我国传统文化与网络文化进行二元对立的界限划分，或者优劣对比，而是要探寻两者的融合、优势互补的可能性。第四，没有一种文化会彻底脱离自己所处的社会的文化根基而独立存在，中国互联网环境所催生的后亚文化亦如是，它与传统文化虽然看似分属不同的文化圈层，但本质上仍与其他中华文化是同宗同脉的，都属于本民族文化景观的一部分，浸润在中国独特的社会文化风貌之中，尤其在价值判断、文化审美、情感感知等方面，其既呈现出圈层差异性，又呈现出文化本质属性的一致性，这意味着后亚文化时代传统文化的网络化生存路径探索并不属于文化再造、变种，或者传统认知中的中国文化的"西化"，而是遵循着一种正常的时代发展规律，一种适应不同时期社会形态的去粗取精、去劣存优的文化演进过程，这不应被视作互联网时期文化突变的特殊现象，因为文化的变迁在任一历史发

---

① 彭永捷.中国传统文化的再生问题[M]//孙熙国，刘志国.全球化与中国传统文化的现代转换.济南：山东大学出版社，2009：12.

② 潘繁生.从现代西方病看中国传统文化的现代意义[M]//孙熙国，刘志国.全球化与中国传统文化的现代转换.济南：山东大学出版社，2009：12.

展阶段都会存在，所以这只是漫长华夏文明嬗变中的一个历史阶段、一个缩影罢了。

二、现阶段传统文化的生存机遇

（一）文化类内容市场需求旺盛

早在 2016 年，艾媒咨询就对互联网时代的中国传统文化传播的规模进行了归纳和趋势预判。根据其数据显示，互联网已经成为中国百姓了解传统文化的主要渠道，有半数以上的中国网民使用过网络传统文化产品或服务，且据推测，这个用户规模将达到 1.96 亿。[①] 而根据 CNNIC 发布的第 48 次《中国互联网络发展状况统计报告》，2021年中国互联网用户已达到 10.11 亿，[②] 这个数字每一年都有着显著增加，这意味着现有的或潜在的传统文化消费者的规模也处于上升的过程中。

中国经济的飞速发展、物质条件的不断提升等，都进一步促进了我国人民对于精神文化类消费品的需求扩大，这也为我国传统文化的传播创造了有利的条件。近年来，如《中国诗词大会》《见字如面》《国家宝藏》《典籍里的中国》等文化综艺类节目的不断上线，制造了现象级的文化类综艺消费热潮。以《国家宝藏》为例："泽传媒数据监测显示，截至（2018 年）1 月 2 日，爱奇艺、腾讯、优酷三大视频网站正片视频总播放量达 1.58 亿次，首期视频播放量突破 6000 万，B 站总播放量达 1296 万次，喜马拉雅 FM 收听量破 9000 万次，百度搜索 1770 万次，贴吧关注量破 4000，豆瓣最高评分达 9.5，知乎关注者 15351 人；截至（2018 年）1 月 1 日，微博平台发布量 157 万条，

---

① 腾讯社会研究中心 . 在数字生活中拥抱传统——2019 数字新青年研究报告 [R]. 北京：腾讯峰会，2019.

② 中国互联网络信息中心 . 第 48 次中国互联网给发展状况统计报告 [R]. 北京：中华人民共和国国家互联网信息办公室 . 2021.

话题阅读量突破 14 亿，微信平台发布量 1.2 万篇，栏目与频道微信阅读量突破 63.8 万次。"①

更值得一提的是，根据 360 指数的数据显示，《国家宝藏》的受众年龄分布集中在 19 到 34 岁（占比 85%），其中 19 到 24 岁人群占比最高（47%），这一定程度上推翻了部分人对于网络时代的受众（尤其是青年群体）热衷于肤浅内容消费狂欢的过分担忧，反而为传统文化内容消费市场带来乐观的前景预判，毕竟年轻人的文化消费特征是具有时代代表性的。从目前传统文化综艺的关注度和网络认可度可以看出，中国网络用户对于传统文化内容有着较强的消费意愿，"Z 世代"群体更是传统文化内容的活跃消费者。在《在数字生活中拥抱传统——2019 数字新青年研究报告》中，有接近 90% 的青年受访群体表现出了对传统文化的浓厚兴趣。对于青年群体而言，消费是一个自我价值表征与身份构建的仪式与过程，换言之，"Z 世代"通过消费来认知、理解自我，也通过消费来构建一个可以被他人所认知和理解的世界。因此，对于传统文化内容的热衷与高度评价，体现了"Z 世代"对于传统文化中所包裹的价值内核的认同与共振，其试图通过对这些优秀的、具备文化深度和意义的内容的消费来实现对自我价值的认同与呈现。相比那些更新迭代较快、注重短期娱乐效果的内容消费品而言，这些高质量文化类的内容消费品能够更好地为以"Z 世代"为代表的中国互联网用户构建起关乎自我价值认同的精神乐园。

（二）后疫情时代对线上文化传播的需求提升

早在几年前，艾媒咨询就通过报告显示②，我国绝大多数人是通过

---

① 泽传媒. 大数据解读《国家宝藏》如何让文化鲜活于世 [EB/OL]. [2017-01-05]. https://k.sina.cn/article_2812652242_a7a5aad2019003m0n.html.

② 艾媒咨询. 2016 中国"互联网 +"传统文化发展专题报告 [R/OL]. [2016-11-30]. https://www.iimedia.cn/c400/46591.html.

互联网了解、消费中国传统文化产品和服务的。与下线产品相比，线上的传统文化产品和服务拥有传播渠道广、获取更便捷、形式多样化、体验更优化、创新性和个性更具优势等特征。

2020 年新冠疫情进一步培养了人们的线上消费习惯，互联网用户对线上高质量文化商品和服务的消费需求、付费意愿都进一步提升。在 5G、VR、AR、射频识别、大数据等技术的支撑下，文化消费的场景创新能力不断提升、文化数据库不断完善、在线的沉浸式文化消费体验感不断优化。移动终端使得传统文化消费更加浸润化、碎片化、互动化地融入了消费者的日常生活场景之中，而这又进一步契合了文化领域消费升级的趋势，推动了"互联网 +"传统文化消费需求的进一步扩大。

（三）基于融合理念的文化发展机遇

互联网催生了一个行业边界模糊、各领域交融共生、文化圈层破壁的"液态"社会。习近平总书记在考察清华大学时就提出，要让美术、艺术、科学、技术相辅相成、相互促进、相得益彰地融合创新理念，因此传统文化产业在科技的支撑下实现跨领域、跨圈层的融合与价值溢出也成为其在互联网背景下的发展亮点与发展机遇。在数字技术的支撑下，目前的传统文化已经可以融入实体经济、城市能级提升、乡村振兴等多个领域，既助力了其文化形式的进一步转型升级，又拉动了社会经济的全面发展，实现了文化效应、经济效应、社会效应的有效统一，为传统文化的发展注入了更多的生机。

在融合时代，传统文化的"破圈"式传播已经成为常态。当后亚文化碎片化、游移不定的消费习惯成为一种生态特征，传统文化的传播者意识到：文化的有效传播往往不能一味依赖宏大的、正统的叙事与传播，而应加入小人物、小切口，或是更为"轻量"化的叙事方式。在这种思路引导之下，关于传统文化的内容也理所当然地成为后亚文化的"一种生活方式"的一部分，即渗透在我们日常消费的种种符号之中，而并不一定具有鲜明或咄咄逼人的风格烙印，因此其欢迎所有人把其收入囊中——它可能是存在于城市夜经济中的一个摊位，是社交媒体的一个话题，是消费者在商场抽到的盲盒，是闹市区的一次"快闪"表演，是一次乡村旅游中的饮食体验，总而言之，传统文化可以被"掰碎了"重新塑型，成为前文提及的跨业态、跨行业的存在，以日常消费的稀松平常的姿态完成其文化的"破圈"。

伴随着网络用户的消费升级，优质的、内涵丰富的、能够满足人们精神需求的文化内容的市场需求也日益扩大，对于任何一个相对成熟的互联网市场而言，草根化、粗糙的内容终究无法拥有强劲的生命力，而高质量的、与文化嵌合度高的内容会逐渐凸显出市场竞争优势。例如，以发展相对较为成熟的视频平台 Youtube 的发展规律来看，UGC（user generated content，即用户生产内容）终究逃不过被专业收编，或是被平台边缘化的命运，PGC（professional generated content，即专业生产内容）或 PUGC（professional users generated content，即专业化的用户生产内容）内容更易受到平台偏好。在我国，在构建"文化自信"的时代命题的感召之下，制作精良、内涵丰富的传统文化内容在市场、资本、国家政策的青睐之下，生存优势不言而喻——近两年，无论是掀起"国风热潮"、热度"掀翻"社交媒体的河南卫视的《唐宫夜宴》系列节目，还是获得上亿观看量的，由国家艺术基金指导、光明网和一直播联合主办的"青春遇见戏"中国传统戏曲系列直播，都可以让我们在看到传统文化在互联网时代的生存曙光之时，还可以看到这些专业的或传统的媒体机构、内容生产者的一种生存优势和转型方向——以厚积薄发的专业素养与文化底蕴，结合互联网的传播思路与资源，就可以让传统文化不再曲高和寡。由此可见，流量与文化价值双赢才是"破圈"的目标。

（四）良好的政策环境

国家的"十四五"规划中，强调了对文化产业数字化发展战略的重视，强调以科技保障优秀中华文化的产业活化、升级、价值外溢、业态革新等。国家发展改革委员会在内的13个部门也联合印发了《关于支持新业态新模式健康发展激活消费市场带动扩大就业的意见》，推动包括文化产业在内的15种数字经济新业态的发展，以科技化、市场化思维进一步拓宽传统文化的数字化生存空间，围绕传统文化的产业活化策略激活文化消费热情，同时提供更为广阔的就业空间，如西安的大唐不夜城和苏州的姑苏八点半，都是利用场景化的创新升级提升消费者对传统文化的沉浸体验，以"夜经济"为核心打造城市名片，在实现以传统文化为底蕴的城市特色IP建构的同时，拉动地方经济发展。这些举措也恰好符合了国家发展改革委员会等23个部门于2020年3月印发的《关于促进消费扩容提质加快形成强大国内市场的实施意见》的核心精神。上述文件重点强调了对推进文化旅游休闲消费升级提质的必要性与可行性，强调在国际国内双循环发展新格局的背景下，对于文化的消费升级正是拉动内需、促进经济增长的核心驱动力之一。同时，"千禧一代""Z世代"消费升级的显著趋势，也为文化产业的能级提升、产业优化提供了明确的目标与市场需求保障。另外，国家也在基础设施建设、数字化技术支撑方面加大力度，为文化产业的网络化生存提供充分的保障。例如，中央文化体制改革和发展工作领导小组办公室发布的《关于做好国家文化大数据体系建设工作的通知》中，将建设国家文化大数据体系作为新时代文化建设基础性工程中的重中之重，将文化数据作为文化数字经济核心，强调加快对于中国文化遗产标本库、中华民族文化基因库、中华文化素材库、文化体验园、文化体验馆、国家文化专网、国家文化大数据云平台、数字化文化生产线等的建设，加强以文化大数据为基础的文化生产体系的创新升级。

各项政策、举措都让我们看到了一个适合传统文化实现数字化生存的良好生态正在形成，传统文化的传承者与弘扬者，需要抓住这样的时代机遇，跟随国家数字文化发展的总体目标，使传统文化的文化价值、经济价值、社会价值都依托互联网得到最大限度的发挥，为中华民族的文化繁荣兴盛贡献力量。

第二章　后亚文化时代的"受众"
——文化的创造者与消费者

第一节　"受众"的概念解读与特征归纳

要探讨中国传统文化的网络化生存，绕不开对其相关内容接受者的探讨，特别是对网络化"受众"的这一概念探讨的必要性。著者坚持在此给"受众"二字打上双引号，是因为它已经脱离了字面意义上的信息接收者的这一简单定义，只是研究传统文化的网络化生存时，对特定语境下的一种角色的代称。因此，著者认为很有必要对传播学视角下的"受众"概念变迁进行简单的梳理，以明晰在当前语境下的"受众"的身份定义。

20世纪50年代，西方"大众传播"研究开始零星地进入中国研究者的视野，而"受众"一词，也是随着西方传播学的相关概念的译介而进入汉语体系的一个概念，是对英语"audience（观众）"的翻译，是伴随媒介技术与文化发展而不断发展的概念。在互联网时代来临以前，"受众"曾被视作在媒体巨头的霸权下失去抵抗力的个体。以1938年哥伦比亚广播公司的广播剧《世界大战》为例，广播中对虚拟的火星人入侵场景的描述，竟然引起了大规模的社会恐慌，这让"魔弹论"等对"受众"地位与力量嗤之以鼻的描述和相关论调风行一时。在这种"受众"话语之下，文化传播的主动权掌握在媒体巨头或当权者手中，文化精英与草根的区隔显著。尽管"魔弹论"很快被推翻，以拉扎斯菲尔德为代表的学者在后期提出了更具主动性、群体互动性、自主性的"受众"概念，但在传播资本集中在少数人手中的传统媒体时代，传播者与"受众"在文化传播和消费领域的权力也是明显不对等的。互联网出现之后，一个强调个体意见和传播中沟通对话重要性的新的世界出现了，"受众"参与内容生产与传播的主动权得到了前所未有的提升，以阶级、文化等为标识的僵硬区隔在此环境下被打破、消解。有学者通过梳理美国计算机发展史，发现了一个有趣的现象：美国早期亚文化青年，曾经以远离都市、建立乌托邦社会的方式，反抗主流文化的霸权，但当互联网出现以后，"在新兴的赛博空间中，当年的反主流文化人士与今天的主流政治人士和商界领袖最终走到了一起"①。这说明，在互联网技术的加持下，新的世界正在形成，现实世界所构建起来的边界和差异，在互联网制造的"乌托邦"中可以被一定程度（临时）地消解，再没有人（即便是当权者）能自信地认为自己可以凭借一些现实资本（如财富、政治地位等）永远掌握绝对的话语霸权，让"受众"无条件地接受自己的传播内容，相反，内容的生产者与消费者、传播者与接收者的界限日渐模糊，甚至以往在大众传播时代被严格区分的所谓高雅与低俗文化、主流与非主流文化，也开始出现边界模糊甚至地位倒置的状况。至此，"受众"一词已经出现了新媒体技术支撑下的、后亚文化时代的全新释义——对于试图在互联网时代谋求传承与发展的中国传统文化而言，"受众"既可以是文化意义的解码者，也可以是意义的缔造者，甚至颠覆者；"受众"既可以是传统文化内容的消费者，也可以是书写者。"受众"的影响力绝不仅仅是作为接受者和消费者以决定传统文化的互联网传播效果，而是还可以用直接参与文化塑造过程的方式，影响中国传统文化在网络环境下的呈现、意义生成以及价值建构等方式。

总而言之，在新媒体时代，如果传播方式得当，"受众"可以成为高举中国传统文化大旗的传承者与弘扬者，如果传播失效，其也可能成为叛逃者与回避者，造成中国传统文化的网络生存困境。因此，我们首先有必要归纳出当下作为中国传统文化消费者的网络"受众"的几种典型特征，以探寻建立在这些特征上的文化传播的应对思路。

---

① 曾一果.新媒体与青年亚文化的转向 [J].浙江传媒学院学报，2016（4）：3.

一、游离而"不忠"

以"光头仔""摩登族"等为代表的青年亚文化，以其显著的风格与仪式，表达着对自己所属亚文化群体的忠诚与归属，这也是为什么当时的研究者在对其文化的研究中总是因其阵营的牢固性而对其"他者化"的反叛与对抗精神加以强调。而后亚文化时代的群体聚集，却充满着游离、即兴的文化消费特征——他们因某种共同的趣味或暂时的情感结成临时的同盟，即成为新部族。互联网上值得关注和为之兴奋的符号就如同夜空中的浩瀚星辰一般无穷无尽，互联网就如同一个巨大的锅炉，将现实世界的种种诉求融化再造成为后亚文化风格"超市"中任君挑选的"消费品"，而这里的人们兴致盎然又目光游离，这使得他们很难做到对某个文化阵营誓死效忠，更何况，消费的快感早已取代了所谓的政治诉求，成为当今互联网内容或文化消费的主要目的，进而成为文化"游牧民族"的网络"受众"，总是很容易向着不同的文化领地迁徙，这与互联网时代内容消费最显著的特征——"碎片化消费"不谋而合。根据中国互联网络信息中心发布的第 46 次《中国互联网络发展状况统计报告》（以下简称《报告》）显示，截至 2020 年 6 月份，在我国手机网民经常使用的各类 App 中，即时通信类 App 的使用时间最长；短视频用户规模为 8.18 亿，占网民整体的 87%。①"即时""短"成了新媒体时代内容消费的关键词与关键字，也就是说，对于互联网"受众"而言，对信息的碎片化消费成为常态。

事实上，每一次信息技术的突破性发展带来的结果，都是"受众"的内容消费时间的明显延长：1920 年左右，伴随着无线电视的发明，"受众"在内容消费上花费的时间，由从前的 2 小时翻倍到 4 小时；2011 年，人们对互联网时代的用户内容消费时间进行调查发

---

① 中国互联网络信息中心 . 第 46 次中国互联网发展状况统计报告 [R]. 北京：中华人民共和国国家互联网信息办公室，2020.

现，其时长已经超过了 8 小时；而到了移动互联网时代，这个数据变成了 10 小时并继续延长。研究者认为，人们正在逼近自己生理上的内容消费极限，这对于试图在互联网进行传播的人来说未必是好事——消费时间的延长就像是美丽但虚幻的肥皂泡沫，过剩的内容消耗着消费者的能量和耐心，与传统媒体时代相比，人们愿意花费在单条内容上的时间反而在缩短，同时"碎片化"的内容消费概念开始出现。一家名为 Dscount 的研究公司针对 94 组 Android 用户进行调查后发现：对手机重度依赖的用户，一天触摸手机的次数高达 5000 次；对手机普通依赖程度的用户，一天触摸手机的次数也会超过 2000 次。根据这组数据我们可以做一个粗糙的假设：如果上述普通手机依赖程度的用户每天使用（我们把调查数据中的"触摸"约等于"使用"）2000 次手机，按照上文提到的数据，我们将其每天使用手机的时间设为 10 个小时，那么他每次使用手机的时间是多少呢？答案是 18 秒钟。18 秒，是一个转瞬即逝的时间概念，这个计算固然算不上严谨，但却具有参考意义。这进一步印证了传统文化适应互联网的突破口之一在于在其中融入一些更加微观或轻量的视角或场景，以"短""快""精""新"为关键词进行内容策划与生产。

案例分析（一）：《千里江山图》

中国十大传世名画之一、与《清明上河图》并称"北宋旷世名作"的《千里江山图》，在艺术水平上可以称之为中国传统文化的巅峰，其被收藏于北京故宫博物院后展出频率较低（因为每一次展卷都对画作有所损耗），且因其展出的稀缺性还曾在故宫引发过"排队三小时、看画五分钟"的盛况。这对于普罗大众而言是一种"养在深闺"的文化消费壁垒。

欣赏古典艺术画作对于普通百姓来说存在的壁垒还包括解读与品鉴的能力——就像是"微笑"对于名画《蒙娜丽莎》一样，《千里江山图》在国内媒体中的传播关键词是"青绿"——青绿是中国古典山水画中的代表性色调，一般用矿物质石青、石绿为主色，而《千里江山图》被称为中国青绿山水画中的巅峰之作。普通人一般不具备系统解读名画的能力或兴趣，"微笑"与"青绿"这样的关键符号的提炼就像是一个微观切口，对于画作在民间的传播而言是有益的。事实表明，"青绿"在一定程度上成为《千里江山图》在民间影响力扩大的有效"介质"，是普通"受众"实现艺术体验的基石。

　　目前以"青绿"为关键词的《千里江山图》最为"惊鸿一瞥"的民间展示，是由故宫博物院、中国东方演艺集团有限公司、人民网股份有限公司共同出品的舞蹈《只此青绿》，其于2021年正式演出，并登上了2022年虎年春晚的舞台，将静态的《千里江山图》转化成为一幅动态图景。目前，#只此青绿#的新浪微博话题总阅读次数4.2亿，讨论次数11.3亿；B站"2021最美的夜"跨年晚会节选了该舞蹈片段进行播出，点赞数量超过240万（数据截至2022年2月8日）。

　　文化类节目的原始素材就像是一块空白的画布，消费者需要涂鸦的工具为画布添上个性化的色彩，而"受众"的微观视角与个体创造力，正是网络时代传统文化实现快速传播"轻量化"的有效途径——"青绿腰"就是来源于《只此青绿》的轻量化传播切入点。"青绿腰"是该舞剧中的一个经典的舞蹈动作，舞剧领舞孟庆旸在短视频社交媒体平台发布了带有#青绿腰#标签的内容，引发"围观"，使得用户纷纷发布模仿或"挑战"孟庆旸"青绿腰"的短视频以获取流量，促进了用户的参与行为及其体验感的生成。数据截至2022年2月8日，在新浪微博#青绿腰#的话题获得了共5084.4万的阅读次数。从《千里江山图》到#青绿腰#，从态度"虔诚"地观看完整舞台演出的观众，到花十几秒浏览"青绿腰"短视频的"围观者"，《只此青绿》成为一个兼具宏观与微观文化视角、融合多种意义的复杂文本，任何人都可成为参与这场文化传播活动的一分子，而此时的文化消费者从静态、被动地欣赏古典名画或舞剧，变成了相关内容生产的协同参与者。同时，传统文化消费在个性化的语境之下，成为碎片拼凑的多态的、变化着的"活态"的物体——或一种文化的"水中倒影"。人们能从"倒影"中看到文化本身所折射的影像，而种种个体的、微观的参与手段就如同吹拂在风的水面一样，使得影像波动着、变化着，甚至可能破碎着、扭曲着。更重要的是，消费者透过水中倒影，在看到文化倒影的同时，也能看到作为文化消费者的自己。受到干扰的消费者的关注点或许偏离了初始的艺术作品本身，未必能让所有人都真正接近作品的艺术内核，或认知到作品的文化价值，但确实可以使得文化的号召力在或深或浅的"受众"体验中得以加强，并进一步促进了文化的圈层流动，就如一位"00后"大学生江茜表达的看法一样：

> 就我个人而言，我对舞蹈戏剧这种形式是不怎么了解的，如果在 2021 年 8 月《只此青绿》首次巡演的时候让我去看现场，大概率我会没有兴趣，因为我没有办法去参悟和理解其中的美。而改变我这种观点的是 B 站弹幕，它会在我观看的时候让我知道美的点在哪儿。"全场最佳""前方高能"这类（弹幕）词句会让我更聚焦在这个视频中，"青绿如画""山河锦绣之美""古琴太绝了"这样的弹幕，会让我的好奇心驱使我对《只此青绿》以及和它相关的中国文化做进一步的探寻与了解，这真的是一种很奇妙的体验。

二、情感化

IPA 数据库在对 1400 个代表性的内容营销案例调查研究后发现，纯感性的内容的传播效果几乎是纯理性内容的两倍之多（31% 和 16%），而"现代社会情感满足方式的匿名化、单向化、市场化和标准化导致真实情感的社会来源范围越来越狭小，而虚拟情感的需求越来越大"[①]。

粉丝文化就是一种典型的基于情感需求满足的亚文化。偶像，在这种情感为导向的"受众"视域下，成为一种情感媒介或是载体，这基于粉丝与偶像之间"准社会关系"的建立。"准社会关系"是心理学家霍顿与沃尔在1956年提出的概念，指在媒体的作用下，"受众"会在脑海中与偶像发展出一种想象的、拟态的人际交往关系，[②]其被称为"准社会关系"，会激发粉丝对偶像相关内容的移情效应，即使粉丝"爱屋及乌"地给予内容优先关注、认可的权重，这是一种感性的内容消费方式，和偶像有关的内容被粉丝赋予极高的权重，并且粉丝会主动参与协同式的传播，其将带来内容影响力的扩大，这也是为什么当我国的传统文化试图实现互联网的生存时，会需要考虑对于偶像这一情感媒介的利用，以打开年轻人的市场。例如，聚焦故宫文化的综艺《上新了·故宫》中偶像明星的加入，为传统文化影响力的扩大提供了助力。而属于二次元的"翎""洛天依"等虚拟偶像，目前更是成为传统文化传播的一种具备发展潜力的媒介选择，与真人偶像相比，其可塑性更强，且不存在不可控的"后台行为"（如丑闻、绯闻等），具有比较稳定的符号意义，以其作为传统文化的传播载体，基本不会造成负面影响。同时，利用二次元形象作为载体进行传统文化传播，也比较契合伴随动漫成长的后亚文化群体的消费喜好。2015年，基于《西游记》改编的动画电影《大圣归来》上映三天就收获过亿票房，豆瓣评分8.3，成绩瞩目。在"受众"关于"国漫崛起"的热情高呼之中，《大鱼海棠》《哪吒之魔童降世》《姜子牙》等一系列中国传统文化特征明显的国产动画电影接连产出，这足以证明：首先，对于爱国热情高涨的年轻一代而言，以对这些动画进行消费，民

---

① 王宁.情感消费与情感产业——消费社会学研究系列之一[J].中山大学学报（社会科学版）.2000（6）：109-113.

② 章洁，方建移.研究回顾：作为传媒现象的准社会交往[J].新闻界.2009（2）：19-21.

族情感、文化共情是非常关键的驱动力之一；第二，市场也察觉到了这种情感驱动力对于拉动文化产业消费的卓越效用，因此才会接二连三地给予这类题材和类型的动画电影登上大荧幕的机会。在对于此类电影的网络讨论中，"国漫崛起""自来水（网友对于自发为电影宣传的群体的戏称）"等成为高频词汇，可以说，以爱国主义为核心的网络情感动员，是此类电影获得票房保障的重要因素之一。目前，互联网以文化自信、爱国情怀为核心的情感动员已经迸发过让人无法忽视的作用力，如 2021 年河南暴雨洪灾中国产服饰品牌"鸿星尔克"因为捐款赈灾行为而成为全网瞩目的焦点，引发了一场"撑国货"的新媒体风潮，其流量和销量井喷式的陡增就是情感发酵的结果。后疫情时代，人类作为命运共同体的概念被进一步强化，尤其是在我国，抗击新冠疫情过程中体现出来的集体主义优越性、个人与国家命运紧密相连、群体间守望相助才能共克时艰等概念的不断提出与验证，提升了我国的民族向心力，也进一步使整个中华民族作为命运共同体的认知被不断深化。事实上，在情感动员的过程中，参与者通过对"国货"这一符号的消费，实现了自身价值和情感的投射与满足。

因此，在中国传统文化的网络化生存过程中，将同宗同族、共命运共呼吸的民族共同体情感注入营销策略之中，是一种值得参考的思路。另外，二次元动画符号作为传播载体，在一定程度上可以拉近与后亚文化"受众"群体的心理距离。

案例分析（二）：《中国古诗词动漫》

由中共上海嘉定区委宣传部投资出品的系列动画《中国古诗词动漫》，将古诗以手绘动画的形式进行呈现，其青年主创团队在参考历史文献的基础上进行反复的修改考证，力图使故事创意、场景、人物、服饰等各方面都真实还原历史文化图景，进而使该动画作品可以成为管窥时代风貌、展现传统文化价值魅力的载体。B 站的用户群体给予了这部作品极高的评价——9.9 的评分，以及超过 2900 万次的播放量、214 万的追番量、35.9 万的弹幕量。

在 B 站评论区，网友 Kasses 表示，他们这一代人在成长过程中受日本动漫较大的影响，打开了看世界的一扇窗，"但偶尔也会遗憾，文化基因深深刻于每个人的骨血之中，虽然我们可以喜欢甚至热爱那些拥有普世价值的艺术作品，但总归缺少那种来自灵魂深处的共鸣与震撼。《小蝌蚪找妈妈》《雪孩子》《九色鹿》……这些（作品）简单质朴但却有着独属于我们中国的文化审美和艺术风格，它们在我的心中永远是无可取代的优秀作品。"

网友口中的"来自灵魂深处的共鸣与震撼"，实际上就是一种混杂着民族意识与怀旧情愁的文化寻根，一种比外来文化更能满足文化情感与价值共鸣的消费需求。本土文化的价值在此语境下，与个体的自身价值产生了紧密的关联，成为其消费该文本的核心驱动力。

另外，在基于本土文化的情感期待之下，"受众"对于相应的内容也会提高期待值，更加迫切地想要为高质量的传统文化内容买单，因为只有高质量的内容才能满足"受众"对于文化"崛起"的定义与期望，这对于传统文化内容生产技术、资金、创意、叙事等各方面的都提出了更高的要求。

三、"新奇文化"的拥护者

亚文化本身就是一种充满个性化的集体表达仪式，无论处于什么时代背景之下，年轻人总是热衷于将亚文化的意识形态作为一种想象性的手段，以"确保他们不是芸芸众生里的无名之辈"。当然，在后亚文化时代，这种"个性"很容易成为资本的"猎物"①，从而转变成为一种批量生产的、流行与泛化的消费品。但无论如何，对于以"Z世代"为主体的后亚文化拥护者而言，在文化消费中追求新奇感已经是一种显著的特征，毕竟在这个人人都在展示、处处都是奇观的互联

---

① 陶东风，胡疆锋.亚文化读本[M].北京：北京大学出版社，2011：358.

网时代，人们的兴奋阈值已经被提到了前所未有的高度，只有出奇制胜、制造令人期待和意外的内容或产品，才能够获得后亚文化消费者的青睐。

盲盒消费的兴起，就是当今新奇文化的一个典型象征。盲盒里面通常装着一个由动漫、影视 IP 衍生，或者设计师独立设计的玩偶类产品。购买一个盲盒，消费者并不知道里面具体是什么，打开之后才能够清楚自己花钱购买的具体产品——不知道自己花钱具体买了什么，这听起来似乎不符合我们熟悉的消费逻辑，盲盒文化的吸引力正是在此。它会为消费者划定一个大概的消费目标范畴，即所购买的盲盒中的玩偶是属于哪一个 IP 或品牌旗下［如目前市场份额较高的"泡泡玛特（POP MART）""九木杂物社""酷乐潮玩""52TOYS"等］，消费者以抽奖一样的心情购买盲盒，并期待打开之后是符合自己预期的那个玩偶。这是一个充满不确定性的概率游戏，很多时候是花"冤枉钱"——如抽到不如意的产品，或者重复抽到同样的产品等，这样说来，直接花钱买一个玩偶不是更具性价比吗？但事实是，这种不确定因素极大、回报低、具有风险的消费体验，却成为后亚文化时代的一种消费热潮：盲盒中的"头部"产品泡泡玛特，在 2021 年天猫双十一活动中取得了 2.7 亿元的全线销售额，同比增长超 60%，并连续三年在天猫大玩具行业旗舰店销售排名第一。我们当然可以在行为经济学中找到盲盒热潮的消费心理动机，如"赌徒效应"使得人们在面对损失时反而倾向于去冒更大的风险，期望通过概率极小的收益来减轻损失厌恶；但更值得注意的是，消费盲盒不仅仅是消费一种物理形态的产品，更是消费一种参与性与不确定因素双重加持下的"体验感"与"精神满足"，这也是盲盒消费为什么更多流行于一二线的大城市的原因——在经济水平较为发达的地区，这种不追求性价比而追求精神回报的潮流文化消费是消费升级之下的行为；盲盒消费促进了一种后亚文化视域下趣缘圈层的建构，而对于很多盲盒消费群体而言，购买盲盒的重要一环，是在社交媒体上进行成果的分享，不论是命中目标的喜悦，还是"没抽中"的"失败"体验，都可以作为一种圈层内的话题，文化参与感、群体属性彰显、个体身份表达等多重意义得以实现。

基于对盲盒这一新奇文化的洞察，一些传统文化的传承者们也找到了一种创意的突破口——考古盲盒的出现就是一个典型。目前，如河南博物院、三星堆博物馆、秦始皇帝陵博物院等博物机构，纷纷推出考古盲盒的文创产品，将以文物为原型的产品放入盒中，而且河南博物馆还开创性地用泥土作为盲盒外包装，让消费者用附赠的"洛阳铲"将泥土铲掉之后，方可见里面的"古物"真容。这种参与性高、话题性强的营销逻辑为考古盲盒的热卖奠定了基础。河南博物馆自2020年12月推出考古盲盒后，销售额超过2000万，在需要线上预定、人均限购3个的前提下，仍出现了"一盒难求"、补货在35秒内就被抢光的销售盛况，体现了建立在文化向心力之上的、中华文化瑰宝得天独厚的"IP"潜能。

对于力图实现产业活化的传统文化而言，"考古盲盒"进行了一种有效的创新路径探索。根据艾媒咨询发布的《2020—2021年中国国潮经济发展专题研究报告》，"中国文化元素+潮流产品"的国潮经济正处于一个黄金生长时期，考古盲盒的市场价值也证实了，建立在对年轻人消费心理特征敏锐洞察上的"国潮类"文创产品研发，是实现后亚文化时代传统文化价值开发、接轨市场的最后一公里——如今的年轻人是愿意接触传统文化的，而通过什么样的方式能够让他们接触，是最后一步。目前，盲盒的海外销售量也呈现出爆发式的增长，消费增速达到400%，据《2020跨境出口市场消费趋势报告》，泡泡玛特、52TOYS、寻找独角兽、十二栋等新兴潮玩手办品牌在淘宝平台出口至新加坡、美国、澳大利亚、加拿大、马来西亚等超过

120个国家[①]；河南博物院的考古盲盒也将这一"微缩文物"产品出口至加拿大等国。借势"潮玩"这一东风以及全球互联网市场中规模化的后亚文化消费群体，中国传统文化或许可以进一步推动出海战略布局，提升中国传统文化"IP"的海外市场渗透率。

四、具有"后喻"性

人类学家玛格丽特·米德在其著作《文化与承诺》中，将人类文化分为三种类型，即前喻文化、并喻文化、后喻文化。前喻文化是发展缓慢的传统社会文化传递的典型特征，即长辈的经历和经验建构起了被后辈视作楷模般的文化承袭模式，继承先人的智慧被视作文化发展的唯一路径。而随着并喻文化的到来，代际冲突开始初步显现——米德在书中描述了由战争、移民、科技发展等因素造成的先辈既有文化的失效，这时年轻人只能依靠对在新世界率先获得经验的同伴的效仿适应新的社会环境，这被称为并喻式的文化传递方式，但这只是一个过渡，米德认为真正的代际冲突体现在后喻文化时代的来临——二战以后的科技革命彻底改变了人们认知世界、改造世界的视角和方式，年轻的一代成为米德所形容的"时间上的移民"，即出现了更为显著的、以代际为界限的新旧世界的划分，属于旧世界的父辈经验几乎丧失了传喻的价值，此时父辈将反过来向年轻的一代"讨教"适应当前社会的生存方式，进而使一种反向社会化的后喻文化逐渐形成，尤其在以互联网为代表的信息革命的蓬勃发展之下，后喻文化语境中的年轻人不是传统意义上的"下一代人"，而只是伴随数字文明成长起来的"另一种人"而已[②]（表2-1）。

[①] 第一财经商业数据中心. 2020跨境出口市场消费趋势报告 [R/OL]. [2020-11-30]. https://www.cbndata.com/report/2484/detail?isReading=report&page=1.

[②] 米德. 文化与承诺：一项有关代沟问题的研究 [M].周晓虹，周怡，译.石家庄：河北人民出版社，1987：76.

表 2-1　三种文化传承模式

前喻文化 (pre-figurative)	并喻文化 (co-figurative)	后喻文化 (post-figurative)
最为古老和传统的结构模式，年长者基于自身经验积累向年轻者进行知识普及、文化传递等	社会成员基于社会通用的实践模式，通过同辈之间的交流来习得行为准则的一种模式	在以互联网为代表的技术浪潮的催化之下，作为数字原住民的年轻人，成为新世界文化的"掌权者"，从而向渴望"融入"的"上一辈"进行文化反哺的一种模式

在互联网发展的初期阶段，青年亚文化已经开始通过数字技术，通过对"长辈"主导的文化资源的拼贴、挪用、戏仿，充满挑衅地创造出新的意义体系，如中国互联网鼻祖级的案例就是《一个馒头引发的血案》。2005 年，中国知名导演陈凯歌拍摄的电影《无极》上映，年轻的自由职业者胡戈将该电影作为主要素材，并综合中央电视台社会与法频道栏目《中国法治报道》等节目元素，通过改编对白、镜头的混剪拼贴、二次配音等手段，制作了一部 20 分钟的"恶搞"短片，即《一个馒头引发的血案》。该片之所以引发了当时互联网的高度关注，一定程度上是由于那时候的网民对于这种青年亚文化的内容形式尚存在新鲜感，而现在此种内容已经成为后亚文化的常见景象。《无极》的导演陈凯歌对胡戈侵犯其作品知识产权的行为表示愤怒，怒斥胡戈为"厚颜无耻"的人，并称要诉诸法律，但讽刺的是，《一个馒头引发的血案》的网络下载量远远高于电影《无极》本身，但仅凭这点将《一个馒头引发的血案》视作亚文化"对抗"主流文化资本的"庶民的胜利"还为时尚早，因为在互联网亚文化方兴未艾之际，这种文本的"盗猎"行为更像是草根对于话语权掌控者的"局部骚扰"，以制造一点噪音的方式引发一场短暂的狂欢，但始终呈现出的仍是一种自下而上、顽童对长辈式的前喻文化姿态。

而在今天，随着数字技术的高速发展、全球化进程加快、数字原住民逐渐成长为社会中流砥柱等因素导致的社会结构调整，后喻模式逐渐建构起来，新的文化力量对传统发起挑战。早在 2015 年，B 站董事长兼 CEO 陈睿就在演讲中预示："90 后""00 后"所主张的亚文化需求会在未来 10 年成为一种主导性的主流文化，因此，单纯把青年亚文化与"抵抗""反叛"等词语简单挂钩的说法，随着前喻社会与后喻社会的并行交织，将会变得不完全适用。如今的信息技术革命如滔天浪潮般席卷全球，不容分说地改变着我们的社会结构，把传统时代的许多文化、价值、观念、生产方式等推翻再重建，而且速度惊人。打个比方，在古朴的前喻时代，一个铁匠想要把自己毕生所学的铸铁之术传给自己的儿子，可以在儿子尚在年幼之时就开始让其观摩打铁，再慢慢上手，随着年龄的增长，儿子将逐渐成为像父亲一样铸铁技术精湛的人，这个衣钵传承的过程可以是十几年、几十年，甚至上百年代际式的，子孙们可以亦步亦趋地跟随着父辈的经验步伐而无需急躁，实际上我们常讲的"工匠"精神就是由时间的宽容带来的底气。但这个手工技艺精湛的铁匠一旦遇上了工业文明，可能心态就会发生变化：在铸铁机器的轰鸣声中，可能他会感觉到茫然无措，他的儿子也许已经失去向父亲学习铸铁手艺的耐心——毕竟这比起机器生产来说显得笨拙而使人疲累，而获取的收益可能远远赶不上规模化生产，更重要的是，机器可能会以十年、五年甚至更短的周期进行更新换代，催促着人们不断学习、不断地废弃掉过去的经验，否则就会导致人们遭遇被行业和时代淘汰的风险；而这种更迭的速度在互联网时代更是快得惊人，没有任何一代人以生命为周期的经验能够赶得上信息技术的发展速度。在今天，铁匠的孙辈也许会向老铁匠解释通过 3D 打印技术制作铁器的原理，而老铁匠只有不断地通过后辈的"反哺"获得在趋于后喻的生产环境下的一线光明与生机。这两年，人们似乎对"工匠精神"呈现出前所未有的推崇与礼赞，其实这在很大程度上是因为，这原本就是一种"逆流而上"的精神——以精耕细作的精神对抗工业文明的流水线操作，以返璞归真的代际传承对抗秩序混乱的文化反哺，在新名词层出不穷、新技术目不暇接的后亚文化时代，它显示出一种难能可贵的"出尘"与"皈依"的姿态，所以提到工匠精神时常常伴随着"坚守"一词，其多少带有一丝在时代浪潮中挣扎的无奈与感伤，也算是人们在信息技术车轮的飞速滚动的碾压感与紧迫感之下，对于传统文明的一种怀旧乡愁，或是精神溯源。

米德犀利地指出：当下社会的人类既没有后代，也没有先辈。互联网时代成长起来的原住民，正以另一种人的身份，替代下一代人这个传统身份概念，换言之，当代的青年，很多时候并不想要降低姿态祈求父权的经验眷顾与提携，因而也不存在激烈的文化反抗，他们以创造一种截然不同的知识与文化体系的形式存在，甚至威胁着上一辈的话语权与文化价值。在这种情况下，一向自诩为主流文化和价值创造者的"父辈"们不但失去了年轻的"追随者"，有时候反而需要降低姿态，一改以往说教者的外观，转而以平视甚至示好的方式与后辈们的文化尝试融合。

案例分析（三）："卢正义的雕刻时光"

即使在上文中，著者对于老铁匠的价值没落表示了哀叹，但实际上，传统工匠在这个光怪陆离的网络文化时代并非完全失去了生存价值。如果说在工业社会，"匠人"们更多感受到的是时代的抛弃与价值需求背叛，那么在后工业文明的今天，他们至少拥有了一项价值——"被看"的价值。换言之，与现代社会的格格不入，恰好为"匠人"以及"匠人精神"塑造了独一无二的差异性景观，而"受众"通过对这种景观的消费将为其带来自我满足。在沃德勒（2011）提出的娱乐双因素模型中，在"受众"对娱乐消费品的消费目的和动机中，除纯粹的快感性消费（即"享受主义"维度）以外，还包括从娱乐消费中获取自身意义以及价值的实现，即脱离了纯粹享乐主义的"实现主义"维度。因此，无论是李子柒的乡村美食慢生活系列短视频造成的现象级观看量及相应商业价值的体现，还是以"大国工匠"

作为关键词的纪录片《我在故宫修文物》（截至撰稿时，豆瓣评分 9.4 分，B 站播放量 1026.5 万），这些视频在互联网上展现出来的传统文化的"高光"时刻，都在向我们释放出一种脱离"娱乐至死"单一内容消费维度的、与互联网碎片化快餐消费取向背道而驰的反向消费吸引力——"受众"通过对这些（至少看上去是）超脱于世俗的内容消费，可以在一定程度上释放快节奏现代社会造成精神压力，在虚拟空间中获得世外桃源般的短暂解脱，以及表现出对现实社会规则的象征性叛逃或抵抗；同时，通过对这些在工业文明衬托之下具有独特性、稀缺性、积极意义的符号的消费，"受众"完成了对自身意义与价值期许的满足与展示。

因此，在这种传统工匠"被看"需求旺盛的互联网与后工业文明时期，"卢正义的雕刻时光"在 B 站的走红毫不让人意外。一个年过七旬的老者，一个戴着黑框眼镜、外表朴实而普通的木雕老手艺人——这实在是太符合互联网内容消费者们对于"工匠"的符号期待了。而更值得一提的是，卢正义展现在该系列视频中的木雕作品，都是"动漫手办"——一种属于"二次元"领域的消费品，不仅如此，他的视频配乐等也会采用动漫主题曲，这是一种明显的"二次元"导向的内容生产意识，体现出后喻式的内容生产倾向，即传统的、父辈的、旧时代的符号，要依靠与年轻一辈的文化符号相融合，才能够获得"被看"的价值，即在以互联网为载体的后亚文化中的生存价值。

在走红之后，关于卢正义的木雕视频是否通过后期剪辑、让机器雕刻的最终成品与手工雕刻的过程嫁接来进行内容造假的争议开始甚嚣尘上，无数网友将卢正义的视频中有造假嫌疑的片段剪辑并发布。在这种质疑声中，我们似乎能够窥见一种值得深思的现实——传统文化因其在工业文明中表现出来的差异化优势，而被视作具有竞争力的商品以吸引网络流量，而后亚文化的符号，则被视作商品包装，助其进一步融入互联网生态。在资本的运作之下，这可能会成为一种不伦不类的劣质文化商品,使得传统文化、匠人精神等成为一种肤浅的吸引眼球的"流量密码"与快消品,使得"受众"在争议声中被模糊焦点或陷入狂欢,进而消解了年轻一代对传统文化及其精神的尊重及信仰。

案例分析（四）:《后浪》

2020 年 5 月 3 日（五四青年节前夕），B 站推出了名为《后浪》的演讲视频，该视频由年过半百的国家一级演员何冰演讲，站在老一辈的角度向青年人群表达认可、赞美以及寄语。该视频的发布渠道除 B 站以外，还有包括央视新闻、《光明日报》《中国青年报》《新京报》《环球时报》、澎湃新闻、观察者网在内的多家具有影响力的主流媒体，且 5 月 3 日的央视《新闻联播》之前的黄金广告时段也播出了此视频。虽然 B 站将此视频称为对青年人的节日献礼，但我们似乎可以看出，无论是演讲者、传播渠道的选择，还是文案的创意视角，实际上都蕴含着一种进行代际链接的企图心，甚至有分析者认为，《后浪》看似是以青年人为目标群体，实际上却是 B 站向老一辈的喊话。此分析并非空穴来风，它是建立在过去几年 B 站的发展战略上的：B 站在近两年的发展中，一直试图消除其作为青年亚文化内容消费平台的刻板印象，以实现更为多元化的用户增长目标，这意味着拓展年龄区间、获得"长辈"认同成为 B 站获得增量用户的手段之一。在此分析基础上，《后浪》中所表达的"和 B 站 1.3 亿年轻人一起表达自我、拥抱世界"，也被一些年轻人解读为 B 站"强行代表"年轻人向上一辈所代表的主流文化靠拢和示好。在媒体的采访中，"00 后"的被采访者李晴、朴慧玲、宋奕霖都表示，自己的同龄人圈子并没有太多人观看和转发《后浪》视频，反倒是他们的老师、家长在社交媒体上进行转发，李晴甚至表示"弹幕里振奋的气氛我看得实在尴尬，融合不进去"[1]，她们的观点或多或少地显示出《后浪》的野心在逐渐后喻的时代所面临的挑战——比起青年群体，上一辈的人似乎更加热衷于为代际间的链接感到振奋与欣慰，而青年人聚集在像 B 站这样的互联网亚文化社区，更多的是寻求一种属于"新部族"的身份认同、"趣缘"为核心的消费快感，而寻求所谓的"父辈"文化认同，即该视频语境中"前浪"的认同并非其目标，他们并无太多具体的诉求，并不想要将其文化消费置于主流价值框架之中。正如米德所言，"另一种人"的身份标签使得青年群体不再具有向上一辈的"权威"祈求认同的强烈诉求，在某种程度上，他们才是互联网时代游戏规则的制定者，甚至有不甘"被代表"的 B 站"UP 主"根据《后浪》素材进行了反讽性质的二次创作——"Libilibi 献给爷一代的演讲《前浪》"，该视频延续了 B 站最为知名的"鬼畜"、戏谑性，充满拼贴和挪用的青年亚文化风格，获得了 88.2 万的播放量，4000 多的弹幕数，且很多弹幕表示，这个视频才能代表真正的 B 站。这也在一定程度上表明了以年轻人为主的 B 站用户对于代际的交流方式是极为挑剔和警惕的，即便是像《后浪》一样带有明显积极主张的示好，都有可能面临对话的失效，成为被"盗猎"的对象。

《后浪》及二次创作的《前浪》使我们看到一种属于后喻文化时代的代际交流的冲突性特征：充满对话欲与价值观交换欲的父辈，与习惯性将父辈话语中的价值观进行戏谑性转码、解构的后辈们。中国传统文化中蕴含的诸多价值观念，都是在与后现代文明的对话冲突中生存，如儒家的"老吾老以及人之老，幼吾幼以及人之幼"（《孟子·梁寿王上》)、宋代名臣范仲淹的"先天下之忧而忧，后天下之乐而乐"等，都在提倡人与人之间的亲近和谐与集体主义的精神，但

---

[1] 燃财经. B 站《后浪》刷屏，为何转发的都是"前浪"？[EB/OL].（2020-05-05）[2020-09-14]. https://baijiahao.baidu.com/s?id=1665814220684623580&wfr=spider&for=pc.

在现代社会其一度被部分声音质疑为传统中国（东方）文化对个人价值和权利的忽视或个性的压抑，但实际上，中华传统文化的精髓本就在于将个人价值和社会大多数人的价值紧密联系在一起，这种价值体系并非只是消极的否定自我；相反，如果我们能从积极方面去理解其精神，那么个人对他人和社会群体的奉献，正是实现自我价值、养成完美人格的正确途径。这种价值观对于现代人类社会而言仍然具有非常积极的指导作用，尤其是在经济高速发展、社会转型迅速的当今中国社会，我们更是不能够摒弃这种价值观对于社会和谐、稳定、团结的现实意义。但是，在众声喧哗的互联网时代，各种文化的价值观错综横陈，容易导致人们，尤其是年轻的一代对应该采信怎样的价值体系去指导实践感到迷茫。在前喻文化时代，我们习惯于用教育的方式去灌输父辈的价值观，但是在后喻文化时代，这样的传喻内容很容易面临被忽略的境遇，甚至可能被转码为完全不同的文本，成为被戏谑和被歪曲的对象。

互联网成为后喻文化进一步繁荣的土壤，尤其是作为网络原住民的"Z世代"，鲜少愿意以被教育者的角色完成信息摄取，因此面向年轻一代的价值观或文化的传递，往往需要深入探索并浸入他们所热衷的消费领域。这样做的目的并非只是简单地获取年轻族群对于文化或价值观的"接受"，更重要的是，要将年轻一代转变成为文化和价值观的自觉宣导者与散布者，借助其在后喻文化中的话语权优势，使所传播的内容获取更大的社会影响力。

案例分析（五）："只有被看见，才能被热爱"

"只有被看见，才能被热爱。"这是著名的京剧艺术家王佩瑜对于互联网时代京剧艺术传播的一种理念，作为一名"70后"的女老生，王佩瑜目睹过京剧艺术的萧条，因此在互联网时代到来之际，王佩瑜并没有桎梏于"国粹"的高雅殿堂，而是积极为京剧创造更多文化"出圈"的机会——她前后参与了多次综艺节目的录制，除各大卫视的综艺以外，还包括网络综艺《吐槽大会》等，王佩瑜的这些尝试使得她成功地成为网络接受度较高的个人 IP，而与"瑜老板"的互联网影响力一起攀升的，自然是京剧文化的影响力，如王佩瑜的个人抖音短视频平台账号"王佩瑜"总共获赞 217.7 万次，而进行京剧文化的推广是该账号的核心内容。从其发表的内容来看，王佩瑜的推广方式并不生硬，而是致力于将博大精深但又略带"距离感"的京剧艺术进行小切口拆解，剥离出更草根化、简单易懂、具有一定娱乐性、更能适应碎片化内容消费生态的文化表现形式。例如，王佩瑜在 2018 年 3 月 21 日发布了一条 15 秒的抖音视频，为"受众"科普京剧老生的几种笑的方式，该视频获得超 2000 万次的观看量，获赞 77.1 万，转发量过万，评论数超过 1.3 万。从该视频评论区来看，网友对于京剧这样的中国传统艺术"入驻"抖音平台表现得非常惊喜，在排名靠前的热门评论中不难发现这样的积极情绪：如抖音用户"Ray"的留言——"嗷嗷嗷！！我竟然在抖音看到了艺术家！！"（该评论获赞量 9788），抖音用户"宇宙无敌"的留言——"啊！抖音上竟然能看到瑜老板！"（该评论获赞量 9233）

上述网民的热烈反应，实际上是对互联网"液态"环境下极高的文化包容度的印证，尤其是对于作为网络原住民的一代人而言，他们习惯于"生存"在庞杂而多元的网络生态之下，因而与上一代人相比，他们拥有更加开放、多维，更具有杂食性、流动性、包容性的文化与内容消费观。在此背景之下，理论上任何文化都能够找到自己的生存契机，在文化自信之下的中国传统文化尤其如此。似乎已经跻身为互联网"头部"内容生产者的王佩瑜向我们示范了一种传统戏曲的网络化生存法则，这也并非孤例，如抖音自我简介为"戏曲男旦演员，梅派传人"的董飞（抖音账号"戏曲董飞"），其抖音账号获赞量达到 49.3 万；抖音平台发起的 #谁说戏曲不抖音# 的活动标签之下，如昆曲、云南花灯、豫剧等各类传统戏曲形式纷纷登场，该活动标签下的内容总共获得了 8 亿次的播放量。

当然，中国传统文化的网络化生存中的"转型"姿态，或多或少会引发不一样的声音——无论是将这视为一种传统文化的"出尘入世"，还是将其形容为传统文化的"沦落"或面向娱乐化消费取向的"妥协"，我们都必须清醒地认识到："生存"二字本就蕴含着向环境的妥协，或者称之为适应，而在互联网注意力经济之下，优胜劣汰是简单直接的——想要被热爱，先要被看见。而"被看见"本身就是互联网时代最具有挑战性的目标之一，因此只能进行内容生产及传播手段的创新。但是，对此的担忧也并非毫无道理，我们在为传统文化寻找网络化生存出路的同时，也要注意把握尺度，避免为了迎合互联网氛围而对其文化价值造成扭曲，陷入机会主义的误区。

第二节 活跃的参与者们

网络文化本质上就是一种参与文化，在信息技术的赋能之下，几乎每一个文本都有机会被网络用户通过个性化的解码、编码完成意义再造。可以说，在社交媒体时代，没有"受众"参与的内容是没有生命力与价值的，而内容的生产和创造者也会绞尽脑汁地激发这种参与积极性，并不断降低"受众"的参与成本——转发量、评论量、弹幕量，成为这个时代衡量一个内容价值的重要参考标准，甚至迸发出超越内容本身的传播价值——因为想要观看弹幕内容而"二刷"某个视频，或是对社交媒体平台"热搜"事件的评论的关注度超过事件本身——这样的内容消费心态已经不是新鲜事，而此时"受众"的参与已经从一开始的"反馈者"（如电视台的观众热线、报社的读者来信等渠道的设置），发展到弹幕这样的"伴随者"，或是完全颠覆、超越原始内容消费价值或意义的"决策者"。在技术的加持或裹挟之下，参与文化已经迈入了新的纪元，这对社会的文化塑造也产生着深刻的影响。接下来，我们将从"恶搞、盗猎""加盟、协同""打造邪典"等几个方面分析当今互联网的"受众"参与性，并就其与传统文化生存可能性之间的关系展开讨论。

一、恶搞与文本盗猎

2000 年以后，互联网时代正式拉开帷幕。互联网加速了文化和资本全球化融合的进程，呈现出了融合杂交而又日趋同质化的面貌。与此同时，互联网用户发现，技术开始动摇传统媒体巨头的知识产权的"霸权"掌控地位，无论是内容的免费下载还是在论坛中的信息交换，互联网在使得"认知盈余"的同时，也衍生出一种内容选择自由、意义生成多样化的红利，因而文本的"盗猎者"开始大量涌现——在互联网亚文化的氛围强化下，对属于主流文化范畴的内容进行挪用、拼贴、戏仿式的恶搞，或是"同人"创作，都成为极为普遍的文本再造形式，同时也成为一种后亚文化时期的消费实践典型。在某种意义上讲，越是主流的、高雅的、一本正经的、传统的东西，越有可能成为意义再造的对象，这在某种程度上是一种基于"脱冕"目的的娱乐消费，也可以看作是"草根"对阵"传统霸权"的平权实践，虽然它以惯常的娱乐化面貌出现——其背后是存在社会性原因的，如社会财富、资源等的分配不均，使得草根们需要一个娱乐化的出口来释放不满与焦虑，因此互联网成为消化这些负面情绪的一块巨大海绵，以戏谑的表意实践方式，软化或消解了一些现实社会中对立与冲突的可能性，这被视作一种刻意"冒犯主导价值观的过程"，从而"获得了一种快感，并建构了自己的认同世界"。① 前文提到过，导演陈凯歌的

---

① 曾一果.新媒介与青年亚文化恶搞：反叛与颠覆[M].江苏：苏州大学出版社，2012：12.

《无极》与胡戈的《一个馒头引发的血案》，是这种互联网视域下文化对阵开始的一个典型，也是互联网用户对于以陈凯歌为代表的"精英"主导文化的一次集体表态。2021年，这种针对陈凯歌的表态再次出现高潮——在多年前浙江卫视推出的一部名叫《熟悉的味道》的综艺中，陈凯歌夫妇及其儿子陈飞宇，通过一场家宴展示出了一种脱离日常生活场景的精英文化做派，其中陈凯歌呼唤陈飞宇时使用了其英文名"Arthur"（字幕翻译为阿瑟），"阿瑟请坐"——陈凯歌在节目中说出的这四个字在2021年呈现出了全新的谐谑性的符号意义，由此诞生了网络新词条"阿瑟文学"："一种独特的沟通交流风格，来自陈凯歌、陈红夫妇与儿子陈飞宇在一档节目里吃饭时的现场，既有陈凯歌呼唤儿子英文名Arthur（阿瑟）时的洋派气质，也有陈飞宇半跪吃饭时温良恭俭的传统内涵，代表词汇有'阿瑟请坐''阿瑟妈妈喂你'等。"就如同2006年大部分网友与胡戈站到一起一样，这一次的网络"群嘲"也表现出了鲜明的"受众"立场。互联网是一个很有意思的世界，网民们一方面显得"慕富""慕强"（很多单纯凭借展示奢侈生活和超强购买力的"网红"就足以在社交媒体上收获流量），但另一方面，网民对"富"和"强"的他者化对抗处理也是非常普遍的。早已有媒体的调查显示，大部分网民倾向于将自己归类于弱势群体，无论是胡戈还是"阿瑟文学"的创造者，都是标记着"弱者恶作剧"的文本盗猎，他们完成了对原始文本的内容或意义改造，在属于主流社会（甚至所谓的上流社会）的材料的基础上创造了完全不同的符号解码方式，这实际上是一种"我们"对于"他者"的资源挪用快感，由此形成了一种后亚文化的独特风格，使得该文化圈层内的人通过这种"盗猎"文本的生产与消费区分"我们"和"他们"，从而获得身份认同与群体归属。如同菲斯克所言："他们的战术调遣是传统的'权且利用'的艺术，这样会在他们的场所内部，凭借他们的场所，建构我们的空间，并用他们的语言，言传我们的意义。"①

由此可以看出，在对于恶搞文化与文本盗猎的书写和阐释中，存在着对于"我们"和"他们"立场的强调。这除了是对社会资本的隐喻，似乎也可以被看作一种前喻社会向后喻社会转型、传统媒介向新媒介转型的融合过程中"旧世界"对于"新世界"的到来所产生的不安和焦虑，这是一种正常现象，毕竟新的事物总是冲击着人们对于已知的、熟悉的世界的安全感，带来不确定性，破坏现状的安稳。对于一些传统文化的保守捍卫者而言正是如此，如中央电视台电视剧《西游记》中"孙悟空"的扮演者六小龄童是 1959 年生人，出生于传统戏曲世家，他对于网络上对于《西游记》的恶搞表示强烈的谴责——他指责这些恶搞作品庸俗低级，损害了民族传统文化。

社会的管理者们，对于这种组织松散的、行动上不可捉摸的、影响力难以估计的文本盗猎以及恶搞文化也表现出了戒心，国家新闻出版广电总局办公厅就出台了相关规定，以应对互联网上层出不穷的"歪曲、恶搞、丑化经典文艺作品"等行为，试图对文本盗猎行为进行多方面的控制：

> 坚决禁止非法抓取、剪拼改编视听节目的行为。所有视听节目网站不得制作、传播歪曲、恶搞、丑化经典文艺作品的节目；不得擅自对经典文艺作品、广播影视节目、网络原创视听节目作（做）重新剪辑、重新配音、重配字幕，不得截取若干节目片段拼接成新节目播出；不得传播编辑后篡改原意产生歧义的作品节目片段。严格管理包括网民上传的类似重编节目，不给存在导向问题、版权问题、内容问题的剪拼改编视听节目提供传播渠道。对节目版权方、广播电

---

① 费斯克.理解大众文化 [M].王晓珏，宋伟杰，译.北京：中央编译出版社，2001：36.

视播出机构、影视制作机构投诉的此类节目，要立即做下线处理。

基于网络环境优化和知识产权等方面的考虑，对于盗猎者、恶搞者进行一定的约束和规范是必要的，但这不等于对后亚文化的这种草根参与实践的全盘否定。相反的，许多学者对这些行为的价值表现出了积极的态度，如文森特·莫斯可就表明，这些网络恶搞者，实际上是文化边界的突围者和疆域的开拓者，他们"指引我们走向潜藏于人类生活表层之下的文化和生成性的力量"，他们的行为是一种"普罗米修斯式的英雄行为"。[1] 如莫斯可所言，这些恶搞者或盗猎者们，将原本圈层和"受众"相对固化的文本，以碎片式、文化变异、符号再解码的方式，发散到更为多元化的内容消费群体中，促成了文化的圈层突围以及新的趣缘中心的形成，可能使传统的、主流的文化迸发出新的张力与吸引力——上文提到的六小龄童主演的《西游记》，对于"80后""90后"的一代人而言，是难以忘怀的童年回忆，但其本身的文本消费价值可能会不可避免地随代际更迭而退减。我们很难指望六小龄童主演的《西游记》重新成为新时代占据流量的流行品，但通过后亚文化实践者们的再创造，即文本盗猎者或恶搞者的文化突围式的创作，或许可以带给这部"过时"作品新的生机，如87版《西游记》剧集中师徒四人在"狮驼岭"遇到的小妖怪"小钻风"所哼唱的"大王叫我来巡山"及相应剧情，成为B站鬼畜剪辑的受欢迎素材，基于该剧集视听素材的鬼畜剪辑视频，如《白金西游记，大王叫我来巡山》《巡山，狮驼岭Disco（太阳系Disco）》等，分别获得了超过224.3万以及82.2万的点击量（截至撰稿时统计）。可以说，后亚文化的实践者们，以一种越界式的、撼动式的，却又玩世不恭的姿

---

① 莫斯可.数字化崇拜：迷思、权力与赛博空间[M].黄典林，译.北京：北京大学出版社，2010：43.

态，将主流的、传统的文化转码成为后亚文化的消费品，创造了一种全新的文化及意义生存空间。

也许如六小龄童一样的担忧者，会对这种文本创作对原作品面貌的变形和意义的扭曲表示担忧，但六小龄童演绎的《西游记》也并非完全还原了明代作者吴承恩的《西游记》原著，也存在了适应新时代"受众"需求、播出平台需求、文化需求的加工及改编，如主角孙悟空在央视版的《西游记》中那个可爱机灵的"童趣化"的形象塑造，是出于一种当时大众媒体视域下"老少咸宜"的内容生产导向，因此与原著中更为"邪性"的孙悟空形象存在出入。但这并不影响电视剧《西游记》对"西游"这一经典传统文化发扬光大所起到的正面作用，甚至具有这种时代适应性的再创造，进一步提升了该文化的吸引力与"受众"覆盖率、影响率，这对于传统文化的传承来说是非常有利的。

综上，新的文化消费场域，必然促动内容生产中意义编码方式的改变，这并非新鲜事——这绝不是一种狡辩，而是要提醒大家警惕一种对"后来文明"的妖魔化视角惯性，这是人类文明中的一种历史规律，正如柏拉图这样的口语时代"先知"们，以"述而不著"为姿态，顽固抵御文字的出现，认为文字是让人们变得愚蠢的危险品——这与传统媒体的捍卫者面对以互联网为代表的新媒体时的态度如此类似。我们要强调的是，一味地站在新事物的对立面是不理智的，也是毫无意义的，该来的总会来，就像互联网的蓬勃发展并未因质疑声而放缓步伐一样，试图抵御时代的车轮无异于螳臂当车。如今，伴随信息技术的赋权，网络参与者们不断参与着内容的生产，这意味着对所谓文本盗猎、网络恶搞的围追堵截或是严厉封杀是不可能完全奏效的，而以一种"危言耸听"的视角来看，这种"禁止"几乎是站在了技术发展的对立面。

因此，一方面我们当然需要规避这种参与者素质参差不齐、内容鱼龙混杂、为我们的传统文化传播带来价值稀释和意义消解的负面影响（当然还有法律层面的问题）；另一方面，傲慢地视这种参与为纯粹的垃圾文化、低级趣味，也是意义不大的，我们不如将其视作一种时代发展背景之下的传统文化生产和消费方式的变迁，并承认其对主流文化的渗透力和影响力，从而积极探寻一种传统文化在这种新的文化空间下的生存方式。

二、结盟与协同生产

不论保守者如何排斥，这种由普通人参与的内容生产已经形成现象与规模，成为一种影子文化经济，但被定义为"盗猎者"与"恶搞者"的影子文化经济成员，其身份的合法性似乎不被主流认同，也隐约透露出一种游离于市场逻辑以外的、散兵游勇似的、小打小闹的"非正规军"特质。不过，基于第一章中对于亚文化与流行文化资本之间暧昧关系的分析，不难预料的事情是——互联网用户旺盛的参与积极性与展示欲成为资本眼中的可利用资源，如一些内容投资方，会打造粉丝参与的官方平台，号召粉丝加入内容生产。例如，在 2015 年《盗墓笔记》网剧开播前，制作方和原作者南派三叔联合发起"盗笔十年，静候灵归"的口号征集活动，利用情节中十周年的时间节点引爆百万"稻米"（《盗墓笔记》粉丝的昵称）的共同创作和推广，掀起一轮涵盖口号文案、同人小说、漫画、视频等多元形式的创作高潮。不仅是内容生产，资本在营销环节，也不断号召粉丝投入精力，如在豆瓣、微博等社交媒体平台打造话题项，促使粉丝参与其项目推广等。在互联网粉丝文化中，这种参与感会产生一种集体记忆，这种集体记忆又会催生出"文化血缘"与"共有价值"，这可以强化粉丝的忠诚度，也能引导粉丝完成跨媒介的迁徙。

比起谈到盗猎和恶搞时，影射其本质中对主流文化的"骚扰"因素，上文由"官方"号召的"受众"参与，更像是一种官方阵营与粉丝阵营、主流文化与亚文化之间的结盟与协同生产机制的建立。

传统文化的互联网传播也正在尝试依托这种机制进行，而信息技术的高速发展也给予了这种生产机制更大的作用发挥空间。例如，虚拟偶像技术现在就被用于和传统文化传播结合，如以"国风"为卖点的虚拟偶像"翎"，其名字取材于京剧花翎，其声音来源于梅派第三代传人，人物设定为热爱以京剧、毛笔字、太极为代表的中国传统文化。而另一位虚拟偶像洛天依，其在央视一套的传统诗词文化类音乐节目《经典咏流传》中，与京剧名家王佩瑜合作的《水调歌头》成为其"出圈"代表作之一。虚拟偶像与传统文化融合发展的可能性已初见端倪，并且其可以利用其技术特征，将粉丝的加盟与协同生产发挥到一种新的高度。以洛天依为例，在"VOCALOID"技术的支撑下，在由发布方提供虚拟偶像的原始人物设定和声库之后，粉丝可作为同人创作者进行再创作。目前，洛天依的同人创作者达几万人，其演唱会上 90% 以上的作品皆为粉丝的同人创作作品。

事实上，无论是对于加盟还是协同生产的积极效果发挥，都必须置于粉丝文化的背景之下进行探讨。粉丝文化是大众文化的一种特殊分类，"其元素包括作为宏观背景的情感经济、核心要素的符号化偶像和意义生产者的粉丝"[1]。虽然目前多数学者对我国互联网视域下粉丝文化的研究都带有批判视角，将其视作异化的、偏激的文化现象，但实际上，当代的粉丝文化与属于主流意识形态领域的中国传统文化有着双向的融合诉求——传统文化具有主流价值惯有的扩张性，乐意于"开疆扩土"，而粉丝文化则具有文化杂食性的特征，即对各类文化"兼容并包"的"跨文化切换能力"。在传统媒体时代，粉丝文化的关键话语是"崇拜"。广播、电视、报刊等媒体传播的单向度特征，使得粉丝只能遥远地观赏着"拟态"世界的偶像，这种距离使得偶像具备一种"神性"，即成为遥不可及、仅供观赏及崇拜的对象，成为

---

① 晏青，侯涵博.作为症候的粉丝文化：社会融入的价值与逻辑与可能路径 [J].福建师范大学学报，2021（3）：105-172.

一种媒介真实下的具有舞台表演性质的符号合集。而移动互联网时代信息技术的发展高度，不仅使偶像与粉丝的距离无限缩短，而且使社交媒体甚至可以将偶像的"后台行为"赤裸裸地展示给粉丝看，于是"神性"消失，许多经不起细看的偶像的"人性"在失去传统媒介把关与过滤的情况下变得甚至有点触目惊心。于是，在偶像"塌房"频率越来越高的今天，粉丝文化的关键话语变为了"养成"——无数选秀节目的崛起，使得粉丝可以从一个偶像的生成阶段就高度参与，用"投票""打榜"等方式彰显话语权，这种高度的自治感和胜任感是一种强大的内在驱动力，可以造就忠诚度极高、行动力极强的优质粉丝。

营销专家马克·舍费尔指出，在网络时代，优质粉丝才是影响内容传播效果的关键，而对内容具有自发性、持续性二次传播意识的粉丝就是优质粉丝，其行为受到内在动机的驱动，尤其是其所具备的对于内容传播的"自治"和"胜任感"这两种核心要素，这是促使其成为资本的同盟，并乐此不疲地进行协同生产的关键。

不过，"同盟""协同"这样的词汇如果让人产生一种粉丝参与者与资本之间关系对等的感觉，那这种想法就比较理想主义了。实际上，这种协同生产经常被诟病为将粉丝或大众作为"数字劳工"的剥削。另外，资本虽然给予了粉丝进行内容生产、创作与偶像养成的空间，但这依然被视作一种主流文化对亚文化的"收编"，即对于前文中那种盗猎的、恶作剧式的非正规军进行"带编管理"，从而引导、规范其行为，在粉丝内部通过资本的不公平分配形成阶级划分（如粉丝群里的"粉头"，可以拥有和明星或明星经纪人直接联系的权利，因此在粉丝群体内部会拥有很高的话语权，影响着其内部生态和实践方式，但是在这种阶层划分中，最顶头的隐形管理者一定是娱乐经纪公司），进一步支撑资本对粉丝行为的管控。"官方俱乐部排挤和驱赶'散粉'（无拘无束的零散粉丝），保护知识产权、宣传产品，同时试图把影迷的'挪用'行为圈定在可接受的范围内。"①

无论如何,对于传统文化而言,互联网带来了更为开放的生产机制,拓宽了文化的表达边界,丰富了基于民间叙事的文化外沿,也带来了更为强调个性化和仪式感的消费特征。

三、"考古癖"与"认知癖"

(一)"考古癖"

无论是恶搞、盗猎还是协同生产,这种后亚文化的参与实践都不强调其改造对象的时效性。一些年代久远的内容也有可能被"网络考古"的方式挖掘出来,如前文提到的"阿瑟文学"和"狮驼岭鬼畜",都是基于早年间就已经存在的文本。其实,"考古"或者"怀旧",早就存在于亚文化的消费特征之中。在20世纪六七十年代,欧美"邪典"电影(一种典型的亚文化电影类型)的繁盛时期,古早的邪典老片总是能够在电视网或者午夜电影院反复播出,而这一时期,参与性的内容消费已经通过青年亚文化群体的仪式性观影方式而初见端倪——电影院为当时的青年亚文化群体提供了仪式性、象征性抵抗的场域,为他们形成了一套具有浓厚风格的参与模式:当那些被奉为亚文化经典的老电影反复在电影院播映时,对影片内容倒背如流的青年亚文化观影者们,对"如何看电影"的重视度已经远远超过"看什么电影","变装(穿与电影角色一样的衣服)、吵闹、往银幕上扔东西、随情节发展唱歌跳舞念对白,都是他们的集会活动项目"②。

这种对经典文本的反复消费所带来的更为丰富的文化新内涵,被认为随着如电视这样的新媒体对集体内容消费场所的破坏而消解,毕

---

① 李闻思.艺术生产的多样性图景——以新媒体时代的电影产业为例 [J].河南社会科学,2016,24(3):6-11.

② 李闻思.关于坎普的再思考——从《关于坎普的札记》到坎普电影[J].文艺理论研究,2015(5):137-145.

竟，趣缘共同体的交流与聚集，才是一种新兴文化生成的驱动力。不过，互联网进一步促进了这种消费方式的繁盛与复兴。互联网对时间和空间边界的消弭，以及社交媒体对人们聚集空间的无限扩大，都给予了经典文本实现互联网视域下新的解码、编码、消费价值再现的可能性。例如，对于"80后""90后"而言，其童年时期或青少年时期热爱过的影视剧，成为目前在互联网上被"二次消费""反复创作"的经典模板，如《还珠格格》、香港TVB的经典电视剧、动画片《大头儿子和小头爸爸》《魔方大厦》等。可以说，解读这些早期文本并分享给趣缘圈层的人们，是这种消费行为的驱动力，而这本身也带有一种属于集体记忆的怀旧乡愁，对构建个体身份以及寻找群体归属感都是有益的。

在搜索引擎的技术支撑下，找到早期文本并非难事，而信息技术的发展也让对文本的仪式性消费比早期青年亚文化的"吵闹、扔东西、附和念白"等行为更为复杂和深入。如今的后亚文化群体，通过数字剪辑、图像制作、社交分享等普通人都可以接近的数字技术，让"古早"文本成为表达新时代思想意识的新产品。

文化类综艺《我是演说家》的总导演简承渊就曾表示，"'回忆杀'往往以传统再创造的方式，触动相关人群的'怀旧情绪'"，是传播的一件利器。因此，对于传统文化的互联网生存而言，明白这个维度的消费者特征是有必要的——"过去"不代表"过时"，反而具备先天的情感触动优势。同时，后亚文化消费环境对作品时效性的模糊，可以让我们不必受困于传统文化在互联网传播中面临的最大的挑战——内容"过时"的风险，而有望让时间久远的传统文化借助后亚文化群体的全新编码，而获得新的消费价值。

（二）"认知癖"

"认知癖"是亚文化内容消费的一个有趣的特征。詹金斯认为，对于"不是被限定死的，而恰恰是无止境的"的亚文化的内容消费群体而言，习惯采取主动性的"受众"，不应是木讷乖巧的"好学生"，不会一板一眼地接受作者的信息传递，不会满足于作品的表面意义解读，这也是其参与性的一个典型特点。对于这些内容消费者而言，作品中的每一个章节、镜头、对白、画面甚至音效等，都有所指，都隐藏着可解读的秘密，因此观赏一部作品不是重点，重点是乐此不疲地进行作品的隐藏要素解析、解密，就如同寻宝的探险过程一样，这会对"受众"参与提供一种巨大的吸引力。而互联网恰好是这种"过量的热情"和"过度的认知"可以充分发挥其用武之地的地方，如在"知乎""微博""贴吧""豆瓣"等互联网空间中，热门、冷门的影视作品都有言之凿凿的解析者，而有些解析内容有可能为冷门作品的作者带来观众后知后觉的关注度。例如，对电视剧《甄嬛传》痴迷的影迷们，对于其剧情、台词、画面等倒背如流，对其背后的隐藏含义分析得头头是道，由此使得这些影迷被戏称为"《甄嬛传》十级学者""甄学家"等。在这种所谓隐藏意义的挖掘中，"受众"似乎从更个人、更新颖的维度重新消费了这部剧，从而获得一种全新的、隐秘而带有内部共识性的快感。这是一种属于互联网亚文化共同体的内部认同，说是"荣誉"或许有些夸张，但是这使得参与者增强了与群体的连接、加强了个体存在感与获得感，这是毋庸置疑的。

这种"邪典（cult）"式的参与性消费热情或"认知癖"，也成为一种可供利用的资源。以影视类作品为例，很多电影制作者在一开始就致力于在影片中埋入指涉性的暗示，让观影者产生一种似曾相识的感受，从而被制片方鼓励和刺激去完成对电影的解析。它使得观众对于文本的消费，不会随着电影的结束而结束，并使得观众持续地进行"寻宝"和"探秘"。"受众""认知癖"的激发，延长了文本的生命力和消费周期；并且，大脑会自动将"绞尽脑汁"而得出的思维结果，视作自己的劳动果实进行捍卫，从而增强人们对作品的记忆深刻度。目前，一些带有高度互文性、指涉性的经典文本，成为经久不衰、价值循环的超级 IP，其所产生的"周边效应"，即围绕该 IP 的游戏制作、相关商品甚至主题乐园等，都会引发粉丝的消费狂热。"认知癖"驱动也成为内容生产的一种创意思路——在国产动画《大理寺日志》的画面设计中，就有其他国产动漫人物"安插"其中，而这些来自其他文本的人物最长出现时长也不过数秒，并且都以毫不起眼的方式"藏匿"在画面的非主要位置，这种隐匿性成为"受众""寻宝"成就感的支撑，也为文本带来持续的消费魅力，甚至成为其文本突破消费圈层的驱动力。

这种"认知癖"式的内容消费模式，原本是属于青年亚文化的小众参与方式，目前却成为一种惯用的内容营销手段，也被视作资本将亚文化收编成为流行文化的一种套路，而亚文化的"邪典"内容消费也成为一种有意为之的"元邪典"式的消费引导手段。但无论如何，"认知癖"式的"受众"参与，可以促成一种跨媒介、跨圈层、跨时代的文本传播，这对于传统文化来说，是一种值得借鉴的内容营销思路，尤其是对于想要融入后亚文化生态中、进行 IP 化打造的传统文化而言，这种方式对于价值链生成可以起到不可忽视的作用。

纵观近几年好莱坞超级 IP、引发影迷"认知狂热"的大制作影片，多数是建立在魔幻、志怪、科幻题材的文本基础上，如《指环王》《哈利·波特》《黑客帝国》等，这类题材本身就充满想象张力，相比现实题材更容易为"受众"提供幻想狂欢式的参与实践空间，也是最适合被作为流行文化消费品的题材之一。正如厄内斯特·玛希吉（Ernest Mathijs）所说："'奇幻痴迷者'（geek-fantasy fandom），从前是一种亚文化，今天却成为大众的流行。"[1] 而拥有数千年悠久历史、作为世界上最古老的文明古国之一的中国，在文化长河里拥有数不清的民间传说、神话故事、志怪传奇等，就如同泥沙之下掩埋的一粒粒璀璨的金矿，拥有极强的 IP 潜能，但这些传奇故事大多数却未

---

① MATHIJS E, MENDIK X. 100 *Cult Films*[M]. London: Palgrave Mcmillan, 2011:136.

能获得充分的开发，在大众中的认知度也不高。而正如葛兰西所说的那样，将主流文化转化为"大众喜闻乐见的'民俗'或'民间故事'"，是主流文化赢得大众"文化领导权"的一种有效手段。[①]目前，基于我国传统文化文本的"奇幻痴迷者"并不在少数，"受众"需求的旺盛和相关内容开采、生产力的不足之间的矛盾，是一直以来传统文化传播领域的遗憾。例如，被称之为上古三大奇书之一的《山海经》，是被称为"古今怪语之祖"的传统文化瑰宝，其本身的神秘性（就连作者身份都众说纷纭）极具奇幻性文本的 IP 开发价值，在其一共 18 卷的内容中，如"夸父逐日""大禹治水""女娲补天""精卫填海"等也是国人耳熟能详的传说，是具有"受众"基础和"邪典化"的建构潜力的——其文本的荒诞性是最能够激起"受众"旺盛"认知癖"的一种类别，就如 B 站用户"神都俗人"制作的《【山海洛荒】合集：山海经揭秘 9000 年上古史》的视频，获得了 134.1 万播放量、3.5 万弹幕数，而在其的弹幕区和评论区中，关于《山海经》的内容探讨、观点争论、认知拓展等都显得非常热烈，可以看出源于本邦文明的"奇幻文本"对于本就属于文化共同体的本土"受众"是具备天然优势的。目前，国内的一些资本也在开始探索对我国传统文化中"奇幻文本"进行 IP 开发，如对标"漫威宇宙"的"封神（演义）宇宙"的概念提出及内容孵化；"方特—东方神画"这样基于中国传统神话传说的主题乐园开发等。但基本上，这些开发都属于起步阶段，目前还未能完全承担起助力传统文化有效生存和传承的重任。

更为重要的是，"受众"的参与可以被视作是一种对传统文化文本的民间补充路径，是文化传承中民间智慧与官方智慧相结合的一种方式。由于年代久远，许多传统文化的官方资料是十分有限的，如 2020 年参与编写《四川历史名人读本》的作者之一就称，关于战国时代水利专家李冰的部分，编写起来比较困难，因为其现存的原始资

---

① 葛兰西.实践哲学 [M].徐崇温,译.上海：上海人民出版社,2006：1.

料较少，因此导致其面目模糊。而"受众"参与可以作为一种基于协同的历史文化书写的驱动力，同时社交媒体给这种书写提供了非常有利的参与条件，从而形成了一种难以估量的资源聚集规模。就如同上文提到的关于《山海经》的 B 站视频中的用户的评论和弹幕参与一样，这些 B 站的普通用户只是利用闲散的时间讨论该视频的相关问题，这种基于"认知盈余"的"受众"生产内容的规模却可能不容小觑。全球受教育人口的自由时间每年累积起来超过一万亿小时①，而社交媒体对于发现成本的降低，使得人们更容易寻找到对相同话题感兴趣的群体，形成自觉自愿地进行相关内容产出的内在动机，尤其是对于一些资料稀缺、面目模糊而不易于传播的传统文化而言，是否可以借助其形成一种区别于"专家系统"的民间图景，或是对被官方遗漏的文献、视角进行补充的协同生产力量？

事实上，互联网信息技术早已使得内容和知识生产走向了更为"开源"的局面，"许多原先需要专业经理人指挥员工才能解决的协作障碍，如今可被分散在众多业余爱好者之间的协作代替"。这是一种颠覆性的生产模式，除参与门槛低、参与者可以是任何人以外，它还有一个颠覆传统逻辑的特征，就是参与者劳动力的"免费"。克莱·舍基形容这种协同方式为"如言论般自由，又如啤酒般免费"。②例如，新浪微博的话题功能就可以看作一种内容生产协同圈的雏形。借助此功能在统一主题的号召下，所有人都可以进行相关内容的输出。比如上文提到的《山海经》，其新浪微博话题 # 山海经 # 拥有 1.9亿阅读量，和 14.1 万的讨论量，其中包含了各种呈现形式、各种视角、维度的个性化文化解读和内容产出。虽然和专业的文化工作者相比，这种围绕中国传统文化的协同式内容输出方式比较碎片化、松散

---

① 舍基.认知盈余：自由时间的力量[M].胡泳，哈丽斯，译.北京：联合出版公司，2018：31.

② 舍基.认知盈余：自由时间的力量[M].胡泳，哈丽斯，译.北京：联合出版公司，2018：123.

和粗糙，尚且不成体系，但作为一个日活跃用户上亿的社交媒体平台，新浪微博为中国传统文化的生产和传播方面可能带来的全新机遇绝对不可小视。况且，如克莱·舍基所言，在这种"众产众包"的协同圈中，本身就存在能力、贡献力的参差不齐，核心成员的规模有限，但无数个边缘成员的无数次微小的补充和建设，也能汇聚成长尾的力量，推动文化图景的构建。重要的是，这种传统文化图景的构建方式，"不用花费大规模团队通常所需要的成本，就可以创造出同样规模的集体成果"①，这可以在一定程度上解决部分传统文化项目开发中的资金或成本问题。

最后，我们需要承认的是，任何草根参与都不能避免的风险在于内容生产质量可能参差不齐、文化导向可能被扭曲以及文化价值可能被稀释等，为了避免传统文化落入"娱乐至死"的陷阱，还有许多值得注意和探索的方面，在这里暂不展开，但我们需要明白的是，风险与机遇总是并存的，接纳这种新的生存方式，是我们探寻传统文化的网络化生存时必须迈出的第一步，毕竟，"将人们的自由时间和特殊才能汇聚在一起，共同创造、做有益之事的能力的增强，构成了这个时代巨大的新机遇之一"②。

---

① 舍基.认知盈余：自由时间的力量[M].胡泳，哈丽丝，译.北京：联合出版公司，2018：129.

② 舍基.认知盈余：自由时间的力量[M].胡泳，哈丽丝，译.北京：联合出版公司，2018：129.

第三节　为"受众"画像：必要性与手段

一、必要性

假设将传统文化比喻为一个产品，而我们（传统文化的互联网传播者）正惴惴不安地敲开互联网中"陌生的房门"，此刻我们的心情一定有些忐忑，因为我们并不清楚房门另一侧是什么样的人，是男性或是女性？什么年龄？其是否喜欢我们的产品包装？且在什么时间、什么场景下其会比较乐意接受我们的推荐？这些问题将决定开门后我们的推销话术的选择，甚至有可能，开门之后你会发现对方根本不适合于购买我们的产品，甚至我们会吃闭门羹，这当然是我们最不愿意看到的局面。

为了避免面临尴尬局面或者白费功夫，我们一定非常希望能够在敲门之前就能够透过房门看到对方，然后在掌握足够信息的基础上，让我们能够在对我们的产品产生兴趣的客户的门上做上标记，而避免敲开那些可能"踩雷"的房门，以提高我们成功的概率和效率。因此，目标"受众"群体是谁？他们在哪儿？用什么样的方式、渠道才能将内容精准地呈送到他们面前？——这就是为"受众"（用户）画像的意义，即将"受众"的信息进行标签化的处理，通过搜集、解读"受众"的消费习惯、个人数据等，完成对"受众"面貌的抽象化、降维化解读。画像越是精确，越能实现精准化的分众传播，才能最大化地实现传播效果。

在大数据的支撑下，分众化、精准化的内容推荐系统，可以为内容营销者们敲开正确的"门"提供保障。根据美国互联网内容平台

"Netflix"估算，依靠精准用户画像的个性化内容推荐系统，可以为其节省10亿美元的业务费用。

根据艾媒咨询的相关报告，在"互联网+传统文化"的背景之下，传统文化市场在垂直领域存在巨大市场机会，但是，"多个细分领域的需求仍有待挖掘"。在"受众"日益增强的精神生活需求之下，"受众"对于传统文化作品的旺盛需求与相应的产品与服务提供力不足，是我国传统文化产业发展所需要持续解决的问题，而只有清楚如何基于精准的用户画像来开启创意和包装自己的内容，才能保证内容垂直方向的准确性，以及保障对于目标"受众"的到达率和覆盖率，实现精准的市场占有。

二、两种常见手段

（一）基于静态数据的画像

静态的画像数据，指的是"受众"独立于产品场景之外的属性，如性别、年龄、婚育状况、地理位置、教育程度等，目前静态信息的获取方式主要可以通过用户主动进行信息填写（如注册信息填写等），或通过与持有用户静态信息的第三方平台（如社交媒体账号）联合登录等方式来实现。静态的数据相对稳定，更具有统计学上的意义。例如，获取关于年龄的静态数据，可以为分析"受众"的内容消费方式或偏好，提供非常具有价值的一种参考维度，如以"Z世代"为代表的年轻消费群体对新奇文化（如最近的"盲盒热"）较为推崇，以及对于消费中个人价值、情感和个性表达需求较为重视等；而近年来不少网络平台对于"适老化"的探索与打造、其内容传播对下沉市场的另眼相看以及其基于"女性主义"的内容包装等，就是基于对互联网用户年龄、地理位置、性别等静态数据的搜集，例如，被其平台合伙人曾光明公布用户画像为"最高学历低于高中"的快手，和发力于低收入人群而成为上市资本的拼多多，都在一定程度上得益于对中国互联网下沉市场用户数据的精准捕捉。同时"受众"内容呈现方式偏好、平台选择偏好、付费意愿、商业转化率等方面以及内容消费时长等，都会受到上述静态数据因素的综合影响。以弘扬中国传统文化为核心的文化类综艺为例，根据《中国文化综艺白皮书》显示：文化类综艺的 TGI（Target Group Index，目标群体指数）随着地区经济水平的衰减而衰减；而文化综艺的 TGI 水平显示，整体上看，其对年长"受众"的吸引度较高，对 18 至 23 岁的"受众"吸引力最弱，但是对 24 岁以上"受众"的吸引力整体处于全网平均水平之上。对于户外文化综艺节目《一路书香》而言，不同性别"受众"的 TGI 水平也存在显著差异，女性（约 120）高于男性（约 90），而有意思的是，对于该节目的冠名商贵州习酒·窖藏 1988 而言，TGI 水平却是男性（超过 120）显著高于女性（不足 40），这对于其内容策略和市场策略的制定都具有核心参考意义。①

综上可知，有效的静态数据采集可以为我们判断传统文化内容生产的方向、用户到达、价值变现等方面提供重要依据和参考，尤其是对于急需脱离旧有的媒介生存模式、面向互联网进行传播转型和产业升级的传统文化而言，静态数据的采集是一种非常必要的手段。而如今，随着大数据技术的不断发展与成熟，数据处理的海量性、准确性、多样性、高速性都实现了里程碑式的发展，这对于试图敲开更多互联网用户之"门"的传统文化而言，是必须面对的挑战，也是必须紧握的机遇。

（二）基于动态数据的画像

动态的数据，简单来说，就是"受众"在消费时留下的痕迹，包括显著的痕迹和不显著的痕迹。显著的痕迹包括"受众"对内容的评论、转发、点赞、关注等行为。目前的内容平台，都在"受众"显著痕迹的抓取上下功夫，如微信公众号推出的"在看"功能，一方

---

① 今日头条算数中心.中国文化综艺白皮书 [R].北京：[出版者不详]，2017：65.

面，该功能是更为间接和隐晦的分享功能，与转发朋友圈的直接分享一样，本质上都是通过用户的社交网络让内容进行扩散；另一方面，"在看"功能又是比单纯为内容"点赞"更强烈的认同感的体现（因为看到相同内容的微信圈好友可以看到用户的"在看"痕迹），这对于完成"受众"画像来说具有更好的参考意义。而不显著的动态痕迹则包括"受众"在消费某个内容时，在某个页面停留的时长、内容完播率、跳出率等用户操作痕迹。

目前，大部分网络平台都为内容发布者提供了一定的数据的查看渠道，如微信公众号就允许作者查看所发布内容的阅读量、粉丝增长数量、点赞量、账号关注量、内容收藏次数等动态数据，甚至作者在公众号后台还能监测到"受众"在进行内容消费时所处的地理位置、所使用的终端、所处的时间段等；微信后台的"小时报"可以帮助内容传播者分析其文章阅读量最大的时间段，如微信公众号账号经营者"草莓君"就通过微信公众号"小时报"趋势图，得出了其"受众"内容消费的几个时间峰值（早上 8 点到 9 点、中午 12 点到 13 点、下午 5 点到 6 点，晚上 9 点到 10 点），这不仅可以为内容发布寻找合适的时间段，还能为"受众"的内容消费场景判断提供参考依据，如早上和下午的时间段以公共交通为主（自驾车相对不便进行公众号阅读）的通勤场景，中午时间段以工作单位为主的午休场景，以及晚上 9 点以后以卧室为主的休闲场景等，场景化的思维构建对于任何内容的互联网生存来说都是一项必要条件。

当然，不同动态数据对于完善"受众"画像的作用权重有所不同，比如内容分享对于"受众"画像的参考意义的权重就大于点赞或评论的权重，因为一个"受众"将某一内容分享到了社交媒体，意味着这个"受众"在用自己的社会身份进行内容的传播，而分享这一内容也意味着对内容所代表的观点、立场等的认同。因此，很多时候，"受众"对内容的点赞或评论或许是随意的，但是对于要分享、转发的内容，用户却是相对慎重的。而对于迫切需要了解"受众"态度、喜好的传播者来说，分享这一举动就显得尤为重要了。

总而言之，大数据时代，传播效果很多时候受到"受众"画像精准程度的影响，尤其是在推荐系统的视域下，"受众"画像的精准度将决定该"受众"的消费体验好坏，又能反过来服务于内容的生产与传播。一方面，"受众"留下的消费痕迹会不断完善其画像，而建立在精准画像基础上的内容消费，才能最大限度地满足其需求；另一方面，"受众"的消费痕迹就像是决定内容好坏的陪审团，能够影响内容的传播效果。比如，传播者发布的内容分享率很低，用户的消费痕迹反馈出此内容不怎么受欢迎，那么它就可能被推荐系统冷落，进入内容休克的状态，而在这种情况下，传播者所需要思考的，并不仅仅是自己的内容是否优质的问题，还应该思考，自己的内容是否被系统准确识别并且推送给了自己的目标"受众"群体？传播者在内容的包装，如封面图的选择、标注、标题方面是否迎合了目标"受众"的认知与偏好？因为在大数据时代，只有能够同时服务于"受众"和平台的传播者，才能够长存。

第三章　泛社交化时代传统文化的内容"引爆"

第一节　根植于基因的人类社交天性

我们在研究后亚文化话语下的众多文化现象分支，诸如粉丝文化、邪典文化等时，经常发现社交媒体分享对其在网络时代的文化塑形的关键作用，如不同文化圈层的聚集、互动、扩张，文化的表意实践、文化参与者的身份建构、文化风格塑造等，都深受社交媒体所赋予的参与、交互、分享等功能的影响，而呈现出与互联网出现之前截然不同的时代特征。例如，在社交媒体的加持下，粉丝与偶像之间的关系发生改变，粉丝文化的核心词从"受众"视角的"仰视"转变为基于协同参与的"养成"；邪典文化也从线下的小众化消费实践，转变成为社交媒体赋能之下的小众圈层与流行普众并行的文化消费模式。总而言之，对于任何文化而言，社交媒体技术带来的变革都是非常彻底的，几乎没有一种文化能在互联网时代的社交媒体这一现实而宏大的语境之外单独存在，社交媒体改变的是文化的解读、叙事、生产、消费等各项机制，是后亚文化背景下，影响文化生存的一种关键性气候。

因此，要探讨中国文化的网络化生存，必须将社交媒体作为一个重要的生态背景。根据数据显示，全球用户覆盖最大的社交媒体平台脸书（Facebook）在 2021 年第二季度的用户规模已经达到了 29 亿之多，超过了全球互联网用户数量的一半；新浪微博 2021 年第二季度的财报数据显示，其月活用户已经达到了 5.66 亿，同比净增 4300 万用户，日活跃用户也达到了 2.46 亿，同比净增用户达到 1600 万。这个可观的数字，还是在没有加上其他具有社交属性的平台用户数量的前提之下。目前，各个互联网平台，不管自己属于何种领域，都将社交属性作为了自己平台发展的核心要素，这意味着泛社交化时代的到来。上述数据充分展示了人类对于社交媒体平台的依赖性，但是值得一提的是，人类的社交欲望只是借由互联网技术得到了可量化的、更为直观和显著的呈现，而社交媒体并未催生人类的社交欲，因为社交是根植于人类基因中的天然属性之一。研究社交传播的专家汤姆·斯丹迪奇就提出，社交是人类本能，社会性大脑是人类经过 3500 年进化而来，因此人类拥有着所有动物中脑容量占比最大的新大脑皮层——高达 80% 以上——远超大多数哺乳动物的 30% 到 40%，而对于依赖群居生活的灵长类动物来说，对社交网络中的各种关系进行分析是劳神费力的，但也是必要的，而这个群体规模越大，需要耗费的脑力就越多，这是具有数据支撑的事实。根据罗宾·邓巴在《新大脑皮层的体积对灵长类动物群体规模的制约》中的调研数据显示，灵长类动物的群体规模和新大脑皮层的体积之间呈现出正相关的关系，因此对于社会群体规模最为庞大的人类而言，"我们的大脑就是为了建立社交关系网而生成的"[1]，也就是说，人类的进化与基因决定了人类拥有一个社会性的大脑，同时人类对于能够协助人类进行社交关系建立、维护、拓展的媒介总是表现出极大的热情。

现代人已经习惯了充斥着海量留言与评论的社交媒体平台，并可能理所当然地认为这是互联网时代的一个新生的人类喜好，但其实，人类对"留言评论"表现出热情的早期痕迹可以追溯到古罗马时期。那个著名的、被维苏威火山爆发掩埋了的古城庞贝，人口规模在一两万，但考古学家们在其遗迹中发掘出的灰泥墙上，寻找到当时居住在庞贝的人的写字涂鸦信息，高达 1.1 万条。鉴于庞贝可以作为管窥古罗马时代风貌的一个典型，研究者们大胆推测，当时的古罗马城市，这种在墙体上信手写字的情况应该并不少见，应该属于当时居民的一种生活日常或是流行文化。这些涂鸦内容非常丰富，包括竞选口号、

---

[1] 斯丹迪奇. 社交媒体简史：从莎草纸到互联网 [M]. 北京：中信出版集团，2019：5.

广告、下流笑话、流言蜚语、幽默俏皮话、表白、问候、感叹、格言警句等。这些墙体涂鸦就如同今日的社交媒体平台一样，淋漓尽致地展现了当时人们的感悟、生活片段、想法、需求、情感、表现欲等。要知道，当时的古罗马民众的识字率据说仅为10%，但这并不能阻止人们参与这种"草根表达"。即使目不识丁，人们也要请人代写，也要释放出在墙体上进行个性化表达的这份热情，由此才有了这样丰富的墙体书写痕迹。当时有一个在庞贝留言墙上出现了四次的字迹感叹道："啊，墙啊，你承载了如此多的无聊的字句，居然还未坍塌，真让我吃惊。"如果发出这句感叹的人看到了在今日的脸书、新浪微博这样的社交媒体上，由普通人所生产的海量信息的高度盈余，以及这类信息的价值密度之低，他也许会惊讶到失语的地步；而如果仔细考察庞贝城墙体上的内容，我们也会同样惊讶于自己与相隔数千年的古人在表达欲和表达方式上的一致性——就如同互联网时代的人们经常在社交媒体上分享鸡毛蒜皮的日常、"无病呻吟"的即刻情绪、针对某个对象的意味深长或是含沙射影的喊话一样，当时的墙体上也充斥着非常类似的内容，诸如"4月19日，我做了面包""和我一起吃饭的那个人真野蛮""嫉妒的人，你来捣什么乱？乖乖地对比你英俊得多的人低头吧，我遭到了非常不公的待遇，但我很帅"，这正是社交媒体的魅力，人们热爱它正是基于它给予了普通人展示欲、表达欲、参与欲的全方位满足，它打破了以报刊、电视为代表的传统媒体时代少数人对话语权、传播权的垄断，赋予了普通人一面谁都可以接近的"墙"，让谁都可以在这面墙上进行书写，而在这面墙上的内容，也都有机会被全世界看到，同时互联网的储存能力可以保证这堵墙承受再多"无聊的字句"也永远没有"坍塌"的风险——这让人类根植在基因中的社交欲望得到了前所未有的满足与释放，就像是庞贝墙上的一条留言所说，"不管是谁，想写就写"①，这就是社交媒体的存在意义。

社交媒体的横空出世，让所有人都看到了它的巨大影响力，而"社交化"也成为一个获得互联网流量和用户黏性的绿色通行证，"社交"属性成为内容价值升级的核心密码，各大互联网平台因此也开始了围绕社交属性的构建，将社交功能纳入平台功能建设的重要环节。例如，以线上支付起家的支付宝平台，一直在社交化的属性构建上跃跃欲试，早在 2016 年，支付宝就开始尝试开通"圈子"功能，以圈层化的社群建构，目标直指对用户的社交关系网的平台收编；另外，每年的"集五福"营销行为（即用户需要集齐"爱国福""富强福""和谐福""友善福""敬业福"并合成福卡，即可有机会瓜分支付宝给出的上亿奖金），其实也是一种促进用户社交互动、提升用户活跃度与平台粘性的手段。目前，不论是音乐平台网易云，短视频平台抖音、B 站，甚至导航软件高德地图等，都通过鼓励用户互动、设置社群交流功能、圈层搭建等手段，努力将社交属性嵌入平台，这意味着互联网进入了一个泛社交化的时代。

"社交化"属性之所以会受到各大平台追捧，正是由于基于"关系"的传播是人类传播的本质命题，就如同"流言蜚语"是人类社会的一种强大的粘合剂一样——我们在信息交换的过程中，并非仅仅在乎信息本身，而是在乎其对我们社交关系构建所带来的裨益，而我们交换八卦信息和流言蜚语，有一部分原因是为了融入群体、以谈资寻找共性、降低加入谈话的门槛（八卦消息几乎人人都能听懂和参与）、避免冷场、拉近距离。这种建立在关系上的强大力量，能带来被称为"病毒式"的传播效果，即"让大家告诉大家"的传播方式。根据美国心理学家斯坦利·米尔格拉姆通过小世界实验所提出的"六度分隔

---

① 斯丹迪奇. 社交媒体简史：从莎草纸到互联网 [M]. 北京：中信出版集团，2019：43-47.

理论"，每个生活在地球上的人，都可以通过不到 6 个中间人，而和任何一个陌生人建立起联系，这是一种理论意义上的联系，但绝非胡言乱语或天方夜谭。而社交媒体技术的出现进一步强化了这种理论的实践可能性，甚至大大降低了该理论中的数值"6"。早在 2011 年，Facebook 就与米兰大学共同宣布了一项改写"六度分隔理论"研究结果，声称已经将数值"6"缩小到 4.74，随后又声称该数值继续缩小为 3.57，成为"四度分隔"。不管 Facebook 的数据是否足够科学严谨，至少有一点是肯定的——随着社交媒体的出现，"让大家告诉大家"的内容裂变式分享力得到了进一步提升，这也是互联网各大平台想要"移植"社交基因的原因——我们之前提到的支付宝，其 2021 年第六次集福活动的效果显著：截至 2021 年 2 月 2 日中午 12 点，该活动相关话题的新浪微博热搜度居高不下，其中#敬业福#的新浪微博话题阅读量高达 21.8 亿，共有 132.3 万次讨论，且其在另一个社交媒体平台小红书中的相关笔记在 7 天内达到 1262 篇，相比上一周期增长了 32.42%。著者认为，这些数据足以表明，支付宝"集福"活动的真正吸引力，并不完全在于"受众"对于奖励金额的"趋利"心态，相反，该活动为"受众"提供了一种建立在特殊情景（农历新年）之下的社会共同关注话题，它带给"受众"的精神回报是大于物质回报的。总结起来，这些精神回报主要包括几个方面。

第一，攀比（竞争）需求的满足。在群体中竞争是动物的本性，就和黑猩猩会炫耀自己的群体地位、狼群会对领头的地位有所竞争一样，作为智慧生物的人类同样不能免俗。即使在高呼人人平等的现代社会，也依然可以在人群中寻觅到等级秩序的存在。大多数人对"领先"的感觉是向往的，并愿意为不断提升自己在群体中的地位付出努力。

因此，支付宝的"集福"机制建立在满足人们的竞争欲之上，自然会引发"受众"的兴趣。率先集齐"五福"或者比较自己与其他人最终赢得的奖金金额等，都能挑动人们的神经，驱动其参与。更为重要的是，这些竞争的过程或结果，都是社交媒体的最佳谈资。关于"敬业福"的话题量暴涨，也是由于它是最难获得的，而适度的竞争难度提升会进一步增强"游戏"的精彩性，并进一步刺激人们利用社交网络进行分享，毕竟，不能炫耀的胜利将会使得成就感大打折扣，而对失败的自嘲与戏谑，也非常符合后亚文化语境下的网络行为特征，因为在后亚文化中，带有幽默感的适当自我"矮化"也是一种常见的社交手段。

每年年底，著者的微信朋友圈里总会出现分享支付宝年度账单的朋友。个人消费和支出，按理说是一件关乎隐私的事情，但是支付宝却能够撺掇不少人将其公之于众，就是基于对"受众"竞争心理以及把竞争成果分享到自己社交平台的欲望。在支付宝的账单中，不仅会出现用户的全年支出金额，还会显示数字比较：用户超过了全国多少其他用户，在用户所属区域的排名、环保贡献、爱心捐赠等数据。除此之外，支付宝的文案团队还为每个用户的年度账单打造"我的年度关键词"，即根据个人消费特征进行抽象归纳，如"温暖""随性而至""坚持"等，当然，这些关键词都是正面词汇，"受众"可以通过分享支付宝账单炫耀自己的经济消费能力，而具备正面意义的关键词则进一步点燃了"受众"的分享欲，毕竟对自己正面形象的加持，可以让人相信有助于自己在群体中的地位提升。

支付宝年度账单的案例可以为我们解释，为什么一些带有自我测试的内容，总是在社交网络中被用户乐此不疲地分享，因为一般这种测试的结果都是积极而有趣的，符合人们对于自己在社群中形象的期待值，所以人们才愿意分享。一位麻省理工学院的文化分析师认为，人们对于通过测验来量化自我有着不可抗拒的喜好，而对于新媒体"受众"来说，这种测试结果的重点在于能够分享，这成为人们用来构建自我形象的一种有效手段。

　　第二，互动需求的满足。与社会成员的互动是人类寻找群体归属感、存在感的必然途径，与他者的互动也是人类产生自我身份认知意识的重要因素。促进互动是提升社群活跃度、培养优质粉丝的一种有效手段，而互动性越高的平台，用户的黏性也越大，可供挖掘的用户价值也才越大。人们在特殊的场景之下（如春节），其互动行为容易受到特殊的、具有文化共性的相关因素驱动，因此支付宝的集福活动，实际上也是潜藏着对中国传统文化中在佳节讨个"好彩头""吉利话"这一风俗习惯的共同情感的凸显，这样其才能够成为话题，而话题则可进一步成为社交关系的粘合剂，在"受众"的积极参与与互动需求的满足之下，提升平台曝光率与吸引力，同时增强用户之间的"弱关系"链接。打个比方，用户与十几年未联系的小学同学，或是某个不大熟悉的远房亲戚，甚至是因工作互相传过一次文件的合作单位的工作人员等，在种种原因之下，他们通过某个社交软件互相加为好友，而这仅仅是他们社交关系建立的第一步，也往往是最后一步，因为他们之间并无真正意义上的互动往来，他或她被用户划分到了"泛熟人"圈子里，而用户甚至都一时想不起来她的容貌或者全名。但这种"集福"活动有可能会激活他们的关系，可能是源自某次朋友圈关于互换"福"卡的喊话，或者仅仅是关于这个活动话题的朋友圈内容的相互点赞或评论——在传统佳节所营造的情境之下，这种互动显得更为自然而不突兀。尽可能地让人与人之间建立起联系，并不断加深这种联系的稳定性与活跃性，这就是社交媒体的目标，也是"六度分隔理论"数值不断缩小的驱动力，也是为什么内容可以借助这种互动性的营销行为获得"病毒式"传播效果的原因——社交媒体可以通过不断为人们创造和陌生人、泛熟人产生交集的机会，让一个内容的"受众"规模像涟漪一般逐层扩大，像流行病毒一般不断裂变并依托人际交往互动进行传播和扩散，在短时间内形成势不可挡的传播势头。

第三，值得一再强调的是，除上述的两个需求满足以外，我们在支付宝的这个社交营销中，还能非常直观地感受到根植于共同文化中的行为驱动因素——在社会文化共识的背景下，特定的情境会强化人们某种行为的趋同性。在传统节庆的语境之下，我们可以将这种趋同性称为仪式感，如冬至要吃饺子、端午节要划龙舟并吃粽子等，在节日气氛的烘托下，这些仪式感的重要性受到强化（如大街上张灯结彩，或是社交媒体上大家发表了许多关于节日庆祝的内容等），而反过来，仪式感的强化也会进一步加深人们对于节日的认知和情感。中国人在农历新年有贴福字的风俗，因此支付宝以"福"作为关键词的这场营销活动，实际上是根植于中华民族的文化背景之下，能够在春节这一特殊情境之下，迅速引起"受众"共鸣。在2021年的春节期间，新浪微博的"集福牛"、快手平台的"攒牛气"、抖音平台的"集灯笼"等，都是试图创造与牛年相关的仪式，以实现社交营销的目的。这为我们打开"泛社交"背景下传统文化的兴盛局面提供了一定的思路：传统文化的基因本身就根植于我们的血液之中，是构建我们个体身份认知、价值体现、归属感的重要组成部分，而寻找传统文化的相关因素并将其注入传播之中，是具有促进民众自主分享的先天优势的，这种优势一方面可以作为传播的驱动力，加强内容的社会接受度，另一方面可以反过来强化社会对于该文化氛围、价值、仪式的认知，将文化的传播融入日常的体验仪式中，形成规律性、群体化的传播效果。

总而言之，上述关于社交泛化及其相关现象的归纳都在提醒我们，传统文化想要在互联网时代获得生存机会，就必须使其内容适应泛社交化的网络生态，毕竟，一个国家文化的传承和发扬，不能总是寄希望于少部分人的努力，而是要尽可能地赢得社会的广泛接受和认可，尤其是一些原本"受众"面较窄、接近门槛较高的传统文化，如国家级非物质文化遗产四川巴中市大巴山深处的歌谣"巴山背二歌"、云南哈尼族人迁徙历史的口述史诗"雅尼雅嘎赞嘎"等珍贵地方文化，因受到地理因素限制而传播范围狭窄，尤其是因以口头传播为主的特殊形态而保存难度大，当失去传承者时，这类文化就会消亡。目前，影像、书籍是这类文化最为常见的留存方式，但这仍然属于"专家系统"的文化传承，在成本和效果上有其局限性，而"民间系统"对于此类文化而言显然应该被视作这一时代的重要传承力量，因此将此类文化转变为适于社交媒体传播的文本，是其传承与弘扬所必须依赖的路径之一。只有让文化传播成为一种"所有人告诉所有人"的民众积极参与的活动，那么传统文化才会像庞贝古城墙上所刻的字体一样，即使经历了数千年的岁月磨砺，依然清晰、鲜活如初。这也是我们将社交化传播作为重要篇章进行讨论的原因。但是社交分享的驱动并非易事，接下来我们将就内容分享的驱动力进行一些讨论。

第二节　关于分享的驱动力

一、分享的正面驱动力

一项《纽约时报》支持的研究显示，传播中内容的"易分享因子"主要包括如下几项。

（1）内容对分享接收者的实用性。分享对他人有益的内容而体现出的"慷慨"会成为分享者的社交货币。因此，在内容生产时可以在醒目的位置（如标题中）提示内容拥有针对某一群体的实用性。

（2）自我理想形象的呈现。如果分享的内容能代替塑造理想的个人形象，如能够通过内容分享呈现出自己文艺、理性、高知、兴趣广泛等特性，那么这便会成为刺激分享的社会动机。毕竟他者的评价对于人类建立和维护社交关系来说至关重要，媒体在内容生产中如果能够将帮助"受众"构建积极的个人形象考虑其中的话，就能让内容在社会动机的助力下成为"分享友好型"。

（3）受到关注与回应。在这项调查中，70%的内容分享者是出于获得群体间的参与感的目的，并通过分享体现他人对自己的重视。

（4）建立和维护关系圈也是重要的内容分享驱动力之一。社交媒体的出现，允许我们成为某种小众爱好的网络组织的成员，而人类是如此地热爱享受自己的成员资格和爱好的共享感，这些都会刺激我们的分享和表达。因此，可以通过构建"同类人"群体，通过成员资格和共享欲的刺激，使得"受众"的分享和表达得以提升。值得注意的是，在搭建粉丝群时，不要执着于群体规模，实际上，一些新媒体的营销专家甚至指出，少而精的"受众"群，才能够在激发"受众"的社会动机方面表现出长期价值，相较于群体规模，群体活跃度才是更为重要的因素。

二、分享的负面驱动力

社交媒体的确让内容的转发和分享变得易如反掌，人人都想借助这种"让所有人告诉所有人"的低成本、高回报的传播方式，让相关内容实现"病毒式传播"。前文谈到了一些刺激分享的驱动力因素，还有一种比较常见的分享刺激手段，就是借助一些奖励性的措施。例如，我们大多数人应该都遇到过类似的情况：商家要求你关注其公众号，并转发相应的内容，这样就可以给你一些诸如打折、赠品之类的"实惠"。

这种营销推广的逻辑看似非常简单合理——用利益作为驱动，换取用户的社交关系，简单来说就是以金钱交换想要的东西（流量），这是我们非常熟悉的市场逻辑。但是，对用户行为的驱动，能否完全建立在市场逻辑上呢？我们的确可以用酬劳换取一些陌生人的"行为"，如素不相识的"滴滴"司机可以在酬劳的驱使下按时提供接送服务，快递员可以因为酬劳而不辞辛劳地把货物送到陌生人的手中等，但用户在社交媒体上的分享行为却比开车和送快递这样的定式行为更为复杂，而复杂的关键核心在于，用户会在分享的行为上注入一个与开车、送货等只针对酬劳的、可以机械重复的动作都不一样的东西，这个东西就是建立在人类复杂心理、情感等因素上的"内在动机"。

用户的分享行为，与点赞、评论等其他互动行为都不同，它需要消耗用户的社交成本——在用户点击分享之后，内容会展示在自己的社交网络关系面前，这等于用户在用分享行为向自己的社交关系网络表明自己与内容之间、与信源之间的关系，因此这次分享会对社交网络中的他人如何认知该用户、定义该用户、构建该用户的社会形象产生影响，尤其是对于像微信朋友圈这样的熟人社交网络而言，用户的分享成本是不容忽视的。

因此，忽略用户分享行为中带有社交属性的内在动机，单纯以利益进行分享驱动，可能会遭遇失败。前今日头条的产品经理、前知乎教育负责人、现 Boss 直聘策略产品负责人闫泽华就目睹过这样的失败：微信公众号"凯叔讲故事"通过"集赞有礼"的方式，驱动"受众"在微信朋友圈转发相应内容并集赞，目的是为了吸引新用户，但让运营者失望的是，拉新人数、次日残留人数、次日活跃人数等各个指标，都在随着时间的推移而不断下降。[①]

看起来用户的行为有着"趋利而来，利尽而散"的特征，但其实其中蕴含着更为复杂的原因。当我们目睹用户分享行为减弱时，不一定要将原因简单归纳为外在刺激减弱，还应该将关注的目光投向内在

---

① 闫泽华．内容算法：把内容变成价值的效率系统[M]．北京：中信出版社，2018：156-157．

动机的变化上，而内在动机与外在动机并非是相互独立存在的，甚至在某种条件下两者会形成一种此消彼长的关系，也就是说，外在动机的介入，可能会削弱或消解内在动机，造成驱逐效应的产生。

三、驱逐效应的相关研究

早在 20 世纪 70 年代，罗彻斯特大学的心理学家爱德华·德西就曾用著名的"索玛解谜"实验证实了驱逐效应对于人类行为模式的影响。德西通过实验得出结论：人的行为动机分为两类——内在动机和外在动机，热爱、兴趣等属于驱动行为发生的内在动机，而物质的奖励就属于刺激行为发生的外在动机。但是，外在动机并不是最有效的动机，像得到报酬这样的外在动机，能驱逐像喜欢该事物本身这样的内在动机。

值得一提的是，我们并非要全盘否认外在动机对于刺激分享的作用，毕竟就算是站在街上发优惠券这种最笨拙的方法，也是可以带来一定传播效果的。但这种效果很可能是一过性的，不具备真正的转化率。营销专家马克·舍费尔曾用一位 Twitter 粉丝数量达到 300 万的用户进行举例：在一次募捐活动中，这位用户的转化率仅为三百万分之一，这是一个不理想的数字，意味着其优质粉丝的占比过低。[①]优质粉丝是指在参与自媒体内容分享时，具有自发性、主动性的"受众"，而自发性、主动性的长期激发，不可能单纯依靠外在的物质奖励实现，因此内在动机才是支撑优质粉丝行动力的核心因素，无论这种动机是基于个人的还是基于社会维度的。

因此，当我们在反思关于物质奖励在传播效果中的功过得失时，不得不将驱逐效应的影响考虑其中。如果仅仅将"受众"视作是"唯利"的，那么就等于只承认"受众"具有外在动机，而忽略了对行

---

① 舍费尔. 热点：引爆内容营销的 6 个密码 [M]. 曲秋晨，译. 北京：中国人民大学出版社，2017：90.

为驱动来说更为有效的内在动机，同时进一步忽略了驱逐效应的负面影响。

四、关于分享动机与驱逐效应

我们针对"Z 世代"人群在分享中的驱逐效应问题，进行了一个简单的大学课堂测试，选取成都某综合性大学传媒专业课程班级中的 35 名同学为被测试的对象，男生占比 37.5%、女生 62.5%，平均年龄为 20 岁。该 35 名学生被告知，学院正在集整个专业的师生之力，为四川本土优秀文化的网络传承助力，目前主要任务是运营一个关于四川传统文化推广的微信公众号，以大学生的视角，对四川传统文化进行新媒体传播；他们的主要任务为对该公众号发布的内容在微信朋友圈、微博等各大社交媒体平台进行转发（这 35 个同学不负责内容生产，该公众号的内容生产工作由本专业其他师生承担），内容的平台发布频率为每周三次，社交媒体的分享频率自愿。教师每一周都会对这 35 个同学的自愿分享次数进行统计。这样的情况持续了 1 周，我们称之为阶段 A；1 周之后，该 35 名学生又被告知，个人对该公众号内容的社交媒体分享积极程度，将与某课程的分数挂钩，我们为此制定了与内容转发量相关的奖励政策，对应一定的平时成绩加分，而这种"有偿"的内容推广政策同样持续了 1 周，我们称之为阶段 B；如此进行 1 周后，这项分数奖励政策被宣布取消，在无对应奖励的情况下，教师继续对该 35 名学生的公众号内容推广行为进行了为期 1 周的统计，此为阶段 C。

我们在阶段 A 通过问卷调查和补充访谈的方式，对这 35 个学生最原始的分享动机（即没有受到过外在奖励刺激下的分享动机）进行了总结与归纳。调研结果发现，大部分人主动进行公众号内容分享，是建立在内在动机之上。例如，问卷调查（多选）结果显示：超过半数以上（57.14%）的学生转发内容的动机之一是由于"维护自己所参与的成果"，40% 的学生受到了"想要展示与自己相关的内容"
这一因素的驱动而进行内容转发，这些动机都可以归纳为内在动机
中的个人动机，即"自治"与"胜任感"；而其余占比较大的分享动
机，如"通过分享赢得朋友圈关注（48.57%）""为了集体的荣誉感
（25.71%）""赢得他人的赞誉（22.86%）"等因素，则与"和内部成员
建立联系""分享与慷慨"这样的社会动机紧密相连（图 3-1）。

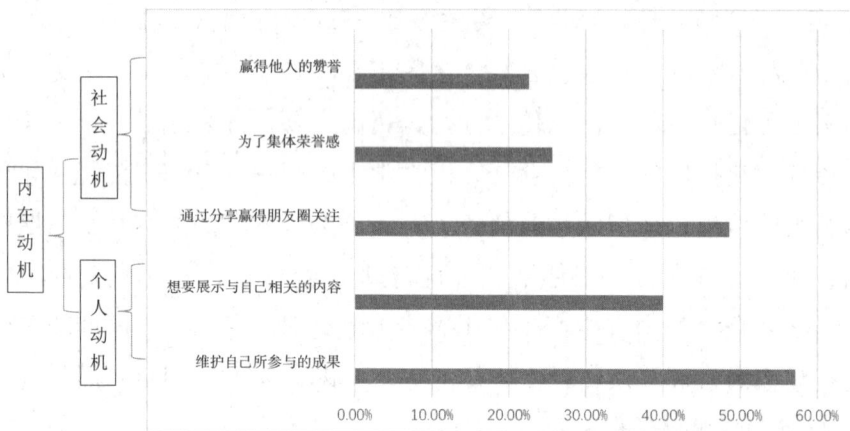

图 3-1　调查中占比较高的分享动机都与内在动机相关

　　在总共 3 周的运营结束后，我们对阶段 A、B、C 的转发行为进
行了统计，结果如表 3-1 所示：35 个学生在阶段 A 的转发总次数为
283 次，平均每人转发次数约为 8 次；而阶段 B，也就是我们增加了
相应的奖励政策以后，情况有了非常显著的提升——转发总次数 385
次，平均每人转发次数约为 11 次，均较阶段 A 提升了 36%；而在取
消了奖励政策的阶段 C，35 个学生的转发总次数降到了 208 次，平
均每人转发次数约为 5.9 次，较阶段 A 约降低 26%，较阶段 B 降低了
45%。

表 3-1 三个阶段的数据统计及对比

阶段名称	转发次数	平均次数 / 人	与阶段 A 相较	与阶段 B 相较
阶段 A	283	8	——	——
阶段 B	385	11	提升 36%	——
阶段 C	208	5.9	降低 26%	降低 45%

我们由此可以分析出，阶段 B 相对于阶段 A 的转发数据的显著提升，是受到了外在动机，即成绩加分的影响，而外在奖励的消失，则导致了阶段 C 相较于阶段 B 的数据表现变差，这似乎符合惯性思维中对于人的"趋利"这一特性的归纳；但值得关注的是，阶段 C 相较于阶段 A，同样显示出了被实验者转发热情的减弱，而阶段 C 与阶段 A 都没有外在动机的干扰，但学生的分享意愿依然明显减弱，此时数据的改变便可以认为与驱逐效应相关——也就是说，我们在阶段 A 通过调查归纳出的内在动机，包括个人动机与社会动机，才是促使学生进行内容分享的最主要因素，但随着奖励（阶段 B）的出现又终止（阶段 C），反而使得阶段 A 产生的内在动机受到了一定程度的驱逐，导致了分享意愿的显著减少。

五、总结与分析

综上，互联网时代，我们必须从内在动机出发来驱动人们的社交分享行为，尤其是对于互联网的原住民"Z 世代"而言，社交分享行为已经逐渐成为其文化消费意义实现的重要一环，可以说，一个文化 IP 如果没能满足互联网用户的社交需求，那么它的"出圈"就是无望的。我们对驱逐效应的探讨也说明了，在文化传播的过程中，注入浅薄的商业手段，或许在短期内是可以吸引眼球，带来一定的营销收益——在今天的中国，在物质的丰裕之下，精神层面的消费需求开始日趋显著，构筑了传统文化内容市场的一片蓝海，很多商家也确实费尽心思地利用"文化"的噱头包装自己的商业活动，试图借由文化的"出圈"谋取短期的利益——但长远来看，这种浅薄的"借壳"行为反而使得内容消费者在短暂的外在刺激兴奋过后，陷入对文化的扭曲感知之中，降低其对这种文化的关注度、喜好度以及对相关内容的分享意愿，有可能在更长的时间里导致文化消费中负面效应的产生。而后亚文化时代，传统文化应该成为中华民族这一文化共同体的粘合剂，在全球性的文化产业发展浪潮中，为中国文化找到生存价值和意义，在一次次的文化消费促动中，构建起一种融于全球、又凸显差异化魅力的本土文化景观，同时要满足网络个体通过创造个性化的文化消费实现个体的身份建构、群体归属、社交互动、价值呈现等各种需求；在后亚文化的碎片化、圈层化的内容消费背景下，中国传统文化所蕴含的民族共同情感与共同价值，可以成为提升社会凝聚力、归属感、向心力的核心力量，这样其才能转化为让个体主动参与传统文化分享的内在驱动力，并在社交媒体技术的支撑下，使中国传统文化传播真正成为一场社会共同参与、带有较强民间渗透力的事项，并带来蓬勃而旺盛的文化生命力。

第三节　社交媒体与情感动员

内容营销专家马克·舍费尔指出："情感是社交分享的一个巨大驱动力。"[1]

在社交分享的过程中，情感表达可以被视作一种对某种符号意义的感性认知，或一种社交货币，为构建更为良好的社交关系助力，尤

---

[1]　舍费尔. 热点：引爆内容营销的6个密码 [M]. 曲秋晨，译. 北京：中国人民大学出版社，2017：45.

其当某种情感表达在社交媒体平台成为一种容易受到关注和认同的"前台行为"时，分享动机便会生成，为内容在社交媒体平台的裂变式传播效果提供保障。传统媒体时代基于发声"权力"的传播，转变为了社交化时代基于"关系"的传播。而情感，则是这个由9亿多中国互联网用户共同编织的"关系"网络中最重要的粘合剂，我们甚至可以断言：在社交媒体时代，谁能够动员网民的情感，谁就能在一定的时间内掌握话语权，实现传播效果的最大化。

因此，情感动员，一个被界定为在"相对较短的时间内"利用情感作用于他者而"获取并聚集更多资源而采取的行动和过程"[①]的词汇，成为互联网中的一个强有力的分享驱动力。情感动员的作用范围，依据其核心情感的社会普众化程度而定。例如，粉丝群体往往围绕着某个偶像，能够激发出强烈的共同情感，从而可以实现快速高效的情感动员效果，如在偶像的某个作品需要宣传的时候，部分粉丝的"应援"倡议会被整个粉丝群体迅速响应，从而为其作品实现社交媒体传播效果。但粉丝的情感毕竟是局限于某个特定的圈层之内的，一般不具有普众化，很难引发更为广泛的社会共鸣。

近年来，中华民族的民族自豪感、文化自信显著提升，这对于中国文化来说，是一个可以依靠情感动员实现互联网传播效果的良好契机。中国传统文化已经成为全球化语境下，中国青年基于民族自信心和爱国热情的个体价值呈现、个性化身份表达的一种路径。以中国传统文化为依托的"国潮"品牌的纷纷崛起就是一个典型的例子，围绕中国文化符号而进行的消费，也成为后亚文化时代的一种风格实践。"国潮"品牌为后亚文化时代的消费者提供了一种带有消费主义烙印的情感连接路径，即通过消费实现群体的情感共鸣与意义共享。传播者对于情感的书写可以被视作一种符号的编码行为，而"受众"所受

---

① 罗凌波，唐治国.中国共产党政治动员模式的历史考察[J].党政干部学刊.2010（1）：25-27.

到的动员，事实上也可被视作一种解码行为，而只有传受双方符号意义共享，才能使得情感的传递自然生效。

很多时候，传统文化在让社会大众迅速实现意义共享的符号上有着先天优势，从而能够构建起传受间的情感通路。例如，2021年9月25日，受困于加拿大一千多个日夜的中国公民孟晚舟，在中国政府的不懈努力下回归祖国怀抱，在各大媒体的书写中，孟晚舟归国衣着的"中国红"这一符号，被着重强调。我国的文化有"尚红"的习俗，红色在我国文化语境中具有特殊的符号意义，不仅代表喜庆、祥和，也是我国国旗的颜色，在一定程度上属于国人的文化图腾和精神象征，因此，当以央视新闻为代表的主流媒体喊出"如果信念有颜色，那一定是中国红"这一口号时，传受双方对于红色符号意义解码的一致性，成为情感传递的通路——新浪微博#如果信念有颜色那一定是中国红#的话题阅读量达到1.3亿，以红色的符号意义为载体、以爱国情感为核心的情感动员在互联网生效。

在抗击新冠疫情期间，为了鼓舞受疫情影响地区的士气，同时号召全国人民对疫区的关注和支持，媒体展开了一场基于中国饮食文化的情感动员。例如，以"热干面"替代"武汉"，在互联网上兴起一场口号为"热干面加油"的动员运动，以此类推，用"炸酱面"指代北京、用"火锅"指代川渝地区、用"肉夹馍"指代西安等，建立在中国饮食文化共识基础上的符号，能够更为快速地激发以"民以食为天"为文化传统的中华民族的集体情感，借助"受众"对于美食的朴素情感，使得移情效应得到充分发挥，从而构建群体之间的情感通路。

这些例子，都可以使我们相信，传统文化的传播在今天的互联网语境下，是具备得天独厚的情感优势的，这种优势蕴藏在中国人民的文化认同之上。但是，社交媒体技术允许"受众"实现圈层的分化，情感亦成为互联网用户自我意识觉醒的实现方式之一，因而充满了个性化特征。因此，某种内容针对某一圈层可能产生情感动员效果，也可能因不适应另一圈层生态而面临失效风险。例如，有学者通过研究发现，获得某些文化圈层首肯的部分主旋律影视剧，却在另外的网络圈层面临传播效果不佳的困境①。

可见，情感动员的作用受到不同圈层生态的影响和制约。在社交媒体的助力下，人们因为种种聚合变得易如反掌而催生了圈层文化的多样性，而这些文化既有交融，也存在抵牾冲突，同时圈层还可以不断裂变成多个更小的圈层，形成更为纷繁复杂的差异化传播生态，为情感动员中的规模的扩张带来更大的挑战。

另外需要警惕的是，民众的爱国热情越是纯粹，越是会对相关内容进行情感审视。并且，随着互联网发展的日益成熟，"受众"对于网络生态也越来越熟悉，媒介素养不断得到提升，同时升高的还有"受众"的情感阈值。例如，曾在互联网发展初期大行其道的"鸡汤文"，大多利用煽情手段获取一定的流量红利，但在今日，随着"受众"情感阈值的不断提升，以及互联网监管机制的不断完善、推荐算法的不断升级等，互联网逐渐兴起"反鸡汤"风潮，为某些煽情内容打上"毒鸡汤"的标签，这说明情感阈值提升后的"受众"，对于这种情感营销手段的心理抵抗机制已经生成。曾经以情感煽动力著称的自媒体人"咪蒙"，曾被《人民日报》微博账号发文称其内容"卖惨卖焦虑容易，但无节操刷流量只会消耗注意力资源，稀释社会信心"，其以爱国情感为包装的内容也被网民批判为"对你来说，爱国只是一场'生意'"。最终，咪蒙及其旗下的各大账号集体下线，这在某种程度上可以视作互联网的情感反噬。

另外，在各类互联网后真相事件的反复作用下，网民已经训练出了情感的警惕性，"让子弹再飞一会儿（对不急于付出情感、表明立

---

① 李胜利，李子佳.论主旋律电视剧的网络接受困境及其应对策略 [J].现代传播，2020（12）：80.

场的内容消费习惯的一种描述）"成为"受众"面对"疑似"情感动员企图时的一种媒介素养，即出于对内容真实性习惯性的质疑，从而习惯性地克制情感，这也使得网络用户的情感阈值被提升。

因此，在以中国传统文化为载体的情感动员（营销）过程中，如何保持市场价值与文化价值的平衡；如何保证文化通俗化而又不恶俗、低俗；如何表现出传播者对于文化的真挚情感，而不被愈发"精明"的"受众"视为一场作秀，都是值得思考的重点问题，而只有解决这些问题，才能在传播中赢得高情感阈值的网络用户（尤其是被称为情感表现更具有疏离感的"Z世代"）的情感共鸣。更何况，在内容"井喷"的新媒体时代，"受众"的注意力成为稀缺资源，议程设置的权力不再仅仅掌握在主流媒体手中，相较于传统媒体时代，"'受众'关注什么"成为一件更为随机的事情，这使许多内容甚至来不及发挥动员作用，就已经陷入内容休克，湮没在了海量信息中。

因此，我们如果试图借助网络情感动员的力量实现社交传播效果，那么可以着重如下这些方面。

第一，重视渠道建设，打造内容矩阵。对于传播者而言，可以针对不同平台生态进行内容生产，建立多元化的"受众"触达渠道，打造针对不同圈层文化的内容矩阵，关键时刻可使其形成合力，实现大规模的情感动员效果。一种传统文化的传播，不要拘泥于某种媒体形式，而是应尽量打造复合化、多元化的文化景观，以全方位、多媒体的视角进行互联网文化渗透。

第二，重视优质粉丝社群的搭建。在泛社交化时代，社群是传播网络中的重要节点，而优质粉丝是社群中的重要力量。优质粉丝指的是社群中忠诚度高、黏性强、行动力强的个体，是情感动员时的中坚力量。有学者指出，粉丝文化具有文化杂食性，会为证明其身份的合法性而积极进行圈层扩张，存在"积极融入其他符号域的表现"①。因此，优质粉丝是打通圈层融合路径的重要力量，我们需要重视与粉丝的互动与沟通，积极促成粉丝社群的搭建，并注意保持粉丝社群的活跃度，这样才能催化优质粉丝的生成，为文化实现圈层融合与扩张提供保障。

第三，重视 KOL（key opinion leader）的作用。选择具有跨圈层能力的"发声者"，这样一来，"受众"对 KOL 的情感会转移到相应的内容中，因此社交媒体的情感动员一般都会有 KOL 活跃的身影。有效选择"谁来说"，是促进文化"破圈"的关键，可对目标"受众"群体中的 KOL 进行精准定位与合作，或者围绕 KOL 建构文化 IP，扩大文化影响力。目前，不同领域的 KOL 的跨圈层合作也成为文化融合、内容"破圈"的新型模式，这种被互联网用户称为"次元壁破了"的跨文化、跨领域合作在后亚文化时代越来越普遍，也充分体现着在媒介技术加持下，一种边界消融、液态的传播生态景观正在全面形成。

第四，"降维式"叙事，打造"对话感"。对话与交流是人与人之间情感流动的基础，"对话感"的加持，也是将"高格调"的传统文化"降维"成传播友好型内容的因素之一。社交媒体是展开对话的重要场所，针对所传播的对象选择适合的语态、措辞、表达方式是基本功。另外，强调对话的私密性与专属性也是有益的，在传播中强调是"我"在对"你"展开对话，是增强受众接受度的一种基本做法。幽默感也是对话中非常有利的因素，能够让传统文化产生"降维"式的情感拉近效果——"我们是一档年轻的节目，有多年轻？上下五千年！"主持人张国立在《国家宝藏》节目中的经典开场白就用幽默的方式，将节目所存在的历史厚重感，与符合现代审美的内容基调进行

---

① 晏青，侯涵博．作为症候的粉丝文化：社会融入的价值逻辑与可能路径［J］.福建师范大学学报，2021（3）：105-172.

了有效叠加，不仅成为助力节目传播的代表性口号，对于拉近与"受众"，尤其是年轻受众之间的距离也起到了"敲门砖"一般的重要作用。

第五，合理利用新媒体手段增强"受众"对内容的"浸润感"。例如，通过 VR、AR 等信息技术实现"受众"对内容沉浸式、全方位的体验，或是将文化植入电子游戏、主题夜市、主题乐园、购物体验之中，在这些以"受众"为主导的参与式、体验式消费中，弱化传统媒体编辑"中间人""文化灌输者"的角色，使"受众"获得相对"真实"的文化体验，从而有效降低其心理防御机制，增强"受众"对文化的感知能力，将文化转化为"受众"日常体验中的一部分，进而使其产生自然而持续的情感，从而引发对于文化价值的深度共鸣。

第六，上述的文化传播中，话题性引导是最为关键的一步——将文化转化为谈资或是社交货币，刺激"受众"对相关内容的社交媒体分享欲，让"受众"参与并成为文化景观搭建的一部分，是后亚文化时代文化传播的必要步骤。

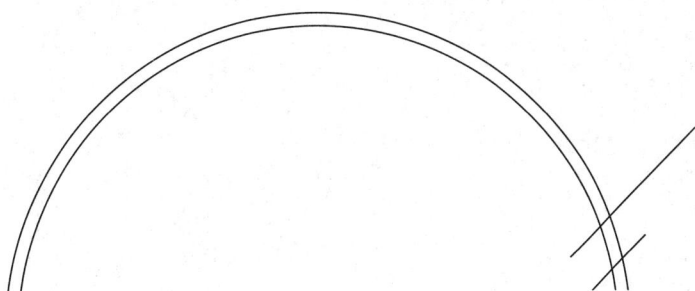

第四章　基于体验的传统文化生存路径

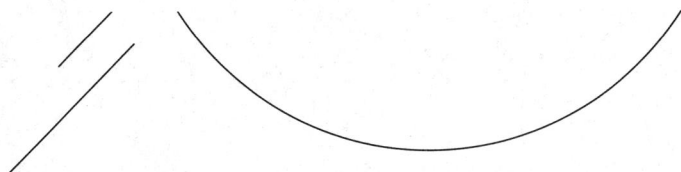

"用户体验"成为如今消费领域的一大热词，在消费选择供过于求、竞争激烈的时代，营销者已经将取得竞争优势、凸显产品或服务辨识度的重点放在了优化"体验"上面。体验的提升无非围绕着帮助消费者省时、省力，使消费者获得美感、愉悦感等相关要素展开。对于传统文化的传播而言，"体验"二字也越来越成为助力其适应互联网生态的关键词，尤其是对于想要融于互联网内容消费市场的传统文化来说，在某种程度上，可以将体验感的提升看作一种"降维式"的传播，是将许多原本束于艺术高阁的内容，转化为可供后亚文化的"受众"识别与接受的维度。值得强调的是，基于"受众"体验感提升的这种"降维"并非文化的"降格"，而是一种在保留其文化魅力的前提下的一种合乎时代逻辑的嬗变，其目标清晰地指向文化生命力的激发与延伸。

第一节　互联网时代的体验和体验者

在 2021 年 9 月举办的以"数智融合、共赢未来"为主题的 2021 世界互联网大会上，腾讯市场与公关副总裁李航在探讨数字技术对于传统文化传承的重要性这一话题时，谈到了敦煌莫高窟中的藻井图案。腾讯与敦煌莫高窟合作，将这个相对较少受到关注的藻井图案进行了数字化的处理，据此设计研发了叫作"敦煌丝巾"的产品，并在微信小程序中进行售卖，使消费者可以通过小程序的相关功能对丝巾图案进行 DIY，以此获得自己参与设计的、独一无二的丝巾穿戴体验。李航提出："只有自己参与的东西，戴在身上，成为你生活场景的一部分，我觉得这是让传统文化能够跟着你一起走下去的一个关键。"由此可见，在设计传统文化产品时，体验者的角色定位对于产品的"活化"而言是尤为重要的,而这也是传统文化当代生存的重要路径之一。

不管是最早开始研究体验所产生的经济价值的阿尔文·托夫勒(Alvin Toffler),还是著有《体验经济》一书的 Pine Ⅱ 和 Gilmore,都强调了体验中体验者的重要性——托夫勒(1970)认为让体验者感受到"乐趣"是体验中的重点,而后者更是强调了一种"个性化的方式参与"(1998)所激发的"意识中所产生的美好感觉"①,在后续的研究中,其进一步明确了体验是经济提供物,体验者的"参与"作为其概念关键词具有核心意义,也因此强调了体验者(在不同语境中可被称为用户、消费者、"受众"、顾客等)在参与中,必须具备主动性,这样才可以称之为"获得了体验"。比如说,"受众"从媒介上获得内容,如阅读了一篇公众号的文章,我们可以视为其获得了媒介所提供的服务,但离本书语境中的体验还差了那么一点意思。但比如,中国时尚领域头部自媒体"黎贝卡的异想世界",在其同名微信公众号 2020 年 12 月的推送内容中,有四篇内容由粉丝投稿组成,包括《贝壳分享:她们的年度投资好物,续集来了!》(2020 年 12 月 31 日)、《独立的女生太有魅力了!她们的赚钱经值得反复看》(2020 年 12 月 21 日)、《买什么大件最不后悔?看看她们的选择》(2020 年 12 月 9 日)、《年底了才敢说,这些大钱花得太值了》(2020 年 12 月 8 日),四篇推送的阅读量均在 10 万以上,留言区的粉丝评论也在积极分享"与自己相关"的内容,在此,我们可以将这些投稿者、留言者称之为获得了阅读体验、作为协同生产者的"受众",其交互性、参与性得到了凸显。

这种自发的、内驱性的参与,可产生对于内容分享的内在驱动力,包括内容"与自己相关",以及"维护自己所参与的内容"所带来的"自治"与"胜任感"。

---

① 崔国华.体验营销概念及其策略研究 [D].武汉:武汉大学,2004:12.

实际上，互联网的出现，已经颠覆了原来的"受众"对于文化产品的消费逻辑，因为它提供了无数个可供"受众"进行参与的渠道。在互联网的视域下，几乎已经不存在完全被动的"服务"，任何文化的消费都可以成为具有参与性质的"体验"，网络用户的踊跃参与，不断使得文化的经济价值得以提升，同时其还在协同生产中扩大着文化的价值外沿。

对于传统文化而言，对"受众"体验的强调更是其"活化"的重要手段——上文提到的综艺《国家宝藏》在其节目创意中尤其强调"受众"的参与式体验——仿照偶像选秀节目，依靠新浪微博、微信公众号等渠道让"受众"对节目中出现的各大博物馆的"国宝"进行投票，再配合专家意见选出可以"C位出道"的"特展"国宝。另外，节目还与腾讯合作，以互动技术手段，让"受众"可以H5（基于HTML 5技术的交互网页应用）的形式体验节目中明星的同款古代造型"换脸"、模拟"国宝PK"的决赛直播，提供发弹幕、刷礼物、投票等互动功能，同时利用动画特效让国宝实现二次元形象的拟人化，并发表自己的"C位拉票宣言"，与"受众"拟态互动。可以说，有了这些优质的体验渠道，《国家宝藏》才更有成为"爆款IP"的可能。

然而，虽然我们强调"受众"的自发参与性对于体验价值生成的重要性，但并非所有人都具备这种对于体验式消费模式的热情或能力。我们总结出一些互联网时代的体验消费群体的典型特征。

1.趣缘性

对某些领域具有浓厚兴趣，并渴望寻找到趣缘共同体进行分享与交流的人群，就有可能对于体验消费产生热情。对于这样的人群而言，为其构建趣缘社群，并引导社群成员之间的交流，建立起群体认同感和个体身份价值感是非常重要的。例如，痴迷于某个动漫角色的网络社群，会彼此分享自己收藏的动漫周边产品，在这种消费体验的分享过程中，文化的向心力会进一步增强。

2. 从众性

消费并非都是理性的，互联网时代的消费更是如此。各个领域的网络名人，通过社交媒体，以文字、短视频、直播等各种形式，分享着自己的种种体验，这些都有可能刺激其追随者复制其体验，作为自己追赶潮流的风向标，而这些完成体验的追随者，也会乐于将这种体验的完成感受变成社交媒体的分享内容，从而使个体体验成为一种具有强烈从众性的流行体验。而一个有意思的现象是，有时候人们的体验反馈未必是正面的，但即使是负面的体验分享，也可以继续促进其成为流行，这是一种互联网时代的戏谑性参与精神："这部电影真的像大家说的这么烂吗？我倒要去看一看……哦，它真的很烂，我跟你们分享一下它怎么个烂法。""北京的环球影城真的是像网友们说的那样，人满为患啊！我来分享一下这次很'坑'的环球影城之旅吧！"这样的体验并不少见，当体验成为可以获取社交关注的话题，其产品本身的优劣就不重要了，重要的是"大家都在做"，由此产生了使其转化为社交货币的可能性。

3. 情感化

在现代化城市的生存压力与人情疏离之下，人们倾向于在网络的符号化消费中获得积极的情感体验。这其中交织着享乐主义的特质——享乐主义颠覆了马斯洛需求层对于需求满足的渐进关系，提倡在低层次的基础需求都未得到满足的前提下，就可以直接追求精神上、情感上的满足。因此，只要打通体验中的情感通路，消费中的溢价就可以被接受。例如，一个传统文化的周边产品，只要满足了人们对于其的情感需求，如乡土情怀、怀旧情感等，就会为其体验经济价值的凸显创造无限的可能。

4. 个性化

后亚文化时代的体验是一种基于圈层的自我表达，人们即使在消费过程中呈现出一定的从众心理，也无一不希望自己是个性彰显的，因此人们会通过分享体验在社交媒体上构建出独特而有趣的个人形象。所以，应该给予消费者独一无二的体验感，至少应该这样去承诺。

5.短期化

每天，社交媒体都在频繁更新着热搜榜、引领风潮的消费品也是更迭不止，在互联网时代，人们的兴奋阈值在不断升高，追求体验的新鲜感意味着消费的短期化特征。因此，作为互联网时代的传播者或营销者，需要时刻不懈怠地洞察变化万千的市场需求，不断探索文化推广手段的创新。例如，营销手段的创新——伴随着新奇文化的崛起而推出的传统文化盲盒；包装上的创新——洞察"80后""90后"怀旧风潮的回归，盒马鲜生推出了中国传统搪瓷盆的蛋糕；技术上的创新——VR、AR等手段在传统艺术品展览中的应用等，都会带来体验感的优化，但都需要注意其时效性而不断推陈出新。

第二节　传统文化网络化生存中的体验优化策略

我们结合现有案例、后亚文化的文化生态、互联网的技术特征等，总结出现阶段可以优化传统文化体验感的策略包括如下内容。

第一，打造场景，增强沉浸感。在上文明晰关于体验的概念时，我们提到了参与感的核心位置，而随着VR、AR等技术的发展以及元宇宙概念的提出，消费体验中真实和虚拟的边界在进一步消融，而在内容消费领域，去掉媒介中间人这一角色的趋势越发明显。区别于媒介作为中介，向"受众"传递内容的传统模式，在沉浸式的消费体验中，消费者以第一视角、全景观的模式进行内容消费。目前，在传统文化的展览中，引入VR、AR的技术手段已不少见，除此以外，还有游戏（如自称来源于明朝名画《清明上河图》的网络游戏《江南百景图》)、主题乐园（如以中国古代经典神话传说等为主题的方特主题乐园）、街区文化（如以盛唐文化为背景的西安大唐不夜城）等方式，将"受众"置入特定场景当中，使其以"戏中人"的角色体验相关内容。

沉浸感的打造并非易事。首先，缺乏了把关人、引路人的角色，"受众"也有可能在文化消费中产生迷失感，或是过度沉浸于感官冲击而忽略了更深层次的文化价值探索，因此在一些沉浸式的体验项目中，可以设置NPC①，加强对"受众"的引导；其次，技术只是外壳，对于优化体验的沉浸感而言，需要兼顾感官刺激、趣味性、社交性、交互性、场景真实感、故事情节设计合理性等因素。

第二，保持新鲜感和交互活跃度。前文提到的游戏《江南百景图》，虽然其设计中有对明代文化的细腻还原，并融合了一些时兴的网络文化元素，体现了文化设计巧思，但因其游戏模式比较重复单一，且未充分激发玩家之间的社交互动（这可能是关键），所以其在火爆一时之后逐渐遇冷。对于追求新奇消费的后亚文化人群而言，再优质的体验，如果不能产生新的刺激，将不会拥有生命力，因此在保持创新思维的前提下，要尽量避免内容或产品的同质化。另外应将消费者的社交体验融入其体验路径中。例如，设计者要具备社群组织意识；鼓励体验者之间的对话和交流；赋予文化产品话题讨论价值；为文化IP建立社交媒体账号，疏通生产者与消费者之间的互动渠道；等等。

第三，体验的可回溯性与持续性。无论从市场的角度，还是文化传承的角度，我们都不希望对于文化的消费体验是一过性的，因此我们需要不断诱使人们回溯上一次的优质体验，并希望这一体验印象得

---

① 非玩家角色(non-player character)或非人类角色(non-person character)的缩写，来源于游戏中的一种角色概念，后来被引入更多领域，可以指专门为体验消费者提供引导性信息的角色。

以延续，最好使体验内化为消费者个体价值的一部分，从而留下长久甚至永恒的痕迹。主题乐园贩售的各种纪念品、周边商品等，就是诱使消费者回忆的传统做法；这些纪念品使体验浓缩为一个符号，而符号是互联网时代情感、文化、价值等的最佳载体，同时对符号的消费可以源源不断地生产新的文化意义——比起坐在电视机面前观看北京2022年冬季奥运会，买一个吉祥物纪念品"冰墩墩"更能使人产生参与感；而比起单纯的下单购买，在社交媒体上"晒"出"冰墩墩"的抢购成功，并引发社交关注，更可以优化此次消费体验。而之所以"晒"出消费体验，可以为消费者赢得社交关注，是因为媒体对于"冰墩墩""冬奥会"相关话题进行了足够的议程设置与话题热度提升，使得"冰墩墩"这一符号被赋予了"潮流""稀缺"（"冰墩墩"引发供不应求的消费热潮，一度出现黄牛倒卖的现象，其稀缺性意味着成功的购买者可能具备一定的资源或能力，这是炫耀购买背后的驱动力）、"文化自信""爱国情感"等积极标签。

在赋予足够的社交货币的条件下，消费者在完成体验后，愿意进行进一步的积极分享，这不仅可以扩大和延续体验的影响力，还能够在分享过程中，使得体验内化为消费者个体价值呈现的一部分，毕竟在符号化的世界中，"你是谁"可以由"你消费了什么"决定。而传统文化的消费一般被认为对于个体形象的理想化呈现是有益的，只要给予消费者足够的社交驱动力以及表达渠道，其文化消费体验不仅将内化为个体形象构建的一部分，还将扩大文化的影响规模、延续文化在互联网环境中的生命力。

第三节　基于内容消费体验的传统文化融合创新

"融合"本就是后亚文化时代的关键词。在液态的、流动的、包容性极高的后亚文化时代，文化融合与文化生存几乎可以画上等号。对于以"Z世代"为代表的青年文化群体而言，他们出生于中国经济高速发展、文化更为开放、信息多元、文化全球化的互联网时代，"融合"早已成为其基因的一部分，是塑造其文化消费者形象的关键词。

物质需求不再匮乏使得"Z世代"人群对于精神层面的消费需求不断增强，对内容质量、审美等水平的要求也不断提升，这对于传统文化的传播而言是有利的——伴随着历史沉淀下来的深厚底蕴，传统文化普遍具有得天独厚的符号辨识度，而打上传统文化标签的内容，很容易被识别为具有文化"厚度"的、有"品位"的产品而提升生存价值。例如，在《国家宝藏》的播放平台评论中，"意义""精品""文化""涨知识"等成为高频词中的关键组成（数据来源于泽传媒）。不过相较于纯粹娱乐化的内容而言，传统文化的消费可能更需要具备一定的文化与审美门槛，这种"门槛"的设置高度需要非常精确——它不能够太低，因为对于后亚文化的人群而言，所消费的内容会成为其所生存的符号世界的一种标识，既被用于构建自我认知，也被用于向他人展现理想身份。因此，传统文化内容在艺术、文化、审美等方面的门槛，对于其符号意义的积极性与消费价值的体现而言，是大有裨益的，毕竟对于后亚文化时代的文化消费者而言，传统文化的内容消费门槛，可以视为文化资本的象征。因此，它的消费者会急不可耐地展示和分享这种消费体验，以彰显自己拥有能够迈入这种"门槛"

的实力，或是已经拥有某种"值得一提"的文化圈层的身份证明。但同时，这种门槛也不能太高，因为曲高和寡已经是当代传统文化传播走过的弯路，文化消费者需要一定的门槛以体现其文化价值，但门槛又不能高到将人们拒之门外——这种消费体验感的拿捏必须恰到好处，而"融合"正是这种门槛高度设置中的一种非常实用的手段。好的融合，就像是一种基因的提取手段，将属于不同领域、不同维度、不同圈层的相关对象的优质基因进行提取，再重新排列组合，从而给予文化一种全新的表达，同时对于消费体验来讲，融合能够实现文化高度与文化消费舒适度的和谐统一。

案例分析（六）：太极拳——"我们"的"慢"与"他们"的
"快"的融合之路

太极拳，世界级的非物质文化遗产，是我国传统文化的代表，其拳法中融合了中国传统儒学、道学、经络学、易学等中华传统文化瑰宝，传承价值极高。但是，如同很多中华传统武术文化一样，太极拳的大众认知度、接受度和喜好度，与其文化价值是存在落差的，而以"慢练"为外在特征的太极拳，甚至被部分年轻人理解为老年运动，似乎在互联网世界显得格格不入。但实际上，在没有确定风格的后亚文化"超市"中，一旦找准了合适的传播形态和路径，任何内容都可收获"粉丝"，因为文化风格之间的差异化并非一定是坏事，还有可能意味着不同文化风格碰撞（后亚文化人群称之为"破次元壁"）所带来的新奇体验。

《人民日报》抖音官方账号发布的一则关于"武汉方舱医院医生患者一起打太极"的视频点赞量超 300 万，如果这仅仅是太极拳文化的一次无心插柳的即时传播效果的话，那么如"国术讲堂凌霄龙""永城市张肖峰太极武术馆"等普通用户发布的太极招数讲解视频，都获得了数以万计的点赞量，由此可见，社交媒体时代有着相当积极的一面——我们虽然常在感叹内容的过载与消费者注意力的涣散，但是不得不承认的是，搜索引擎与社交媒体给予了每一种文化爱好者找到趣缘同盟的最大机会，这些"同好"们以跨越国别、种族、阶层、职业的形式形成共同体，而诸如抖音这样的平台去中心化的内容分发机制，也给予了草根或"尾部"内容到达其目标"受众"群体的更大机会——这些并不精致的草根内容，也许并不会拥有长久的生命力，但至少在某一时刻，它们成为建构中国传统文化图景中的一个微型景观。它的"受众"也许并不全然是"舞台"下正襟危坐的忠诚的文化簇拥者，而只是在午休时间慵懒地用手指划过手机屏幕（抖音平台仅依靠一根手指就可以轻松地完成内容消费，这也被诟病为一种成瘾机制的打造）的文化"偶遇者"，但这正是我们在后亚文化时代所要拥抱的现实——指望"忠诚"也意味着边界的僵化，文化正是在这种漫不经心的驻足和游移中获得生机，并塑造出属于这一时代的特殊景观。

著者在 B 站上搜索到一个拥有 18.9 万播放量、弹幕数 907 的、传播效果良好的关于太极拳的视频，并不意外的是，该视频较短，只有 8 分钟，而视频介绍赫然写着："这估计是 B 站最酷的太极拳啦，太极界首次快闪大片！""快闪"是一种行为艺术，是一种带有嬉皮文化精神的表意实践：一群人通过互联网或其他方式集结，在特定的时间，到一个特定的地点（一般是公共场所），以特殊的行为（如歌舞等）展开一场短暂的、看起来临时起意的、出人意料的表演。快闪起源于 2000 年的纽约，继而成为一种蔓延全球的都市时尚文化，也具备草根参与性、仪式性、戏谑性等后亚文化的特质。在这则太极拳与快闪结合的视频中，快闪族们在人来人往的商场中一个接一个地突然出现，穿着并不"正统"但风格较为统一的服饰，以一种形式戏谑但姿态严肃的方式，展开了一场太极拳的快闪行动，而镜头穿插着路过的"吃瓜群众"的各种惊讶、欣喜、疑惑、驻足观看、掏出手机拍摄等真实反应，催生了一种严肃与荒诞并行、传统与现代糅杂的奇异景象——传统的与现代的、本土的与全球的、"我们"的文化与"他们"的文化在此实现了怪异又和谐的统一。

B站是国内比较具有代表性的青年亚文化聚集地，以"快闪"为关键词的太极文化传播才是适应其土壤的，不过，总有人对传统文化传播中的娱乐化因素表示抗拒，认为其会造成娱乐价值高于文化价值的本末倒置。这种担心虽然并非空穴来风，但是从该视频的弹幕与评论来看，我们似乎可以看到更为积极的一面——弹幕中不仅充斥着对太极拳招式的赞誉之词，还有大量的对太极招式的讲解与科普；而在该视频的评论中，一些B站用户还致力于打破对太极拳的刻板印象，如用户"垂水小荳"就表示，自己已经让弟弟退了跆拳道班的学习，改学太极拳，并且对跆拳道老师关于"太极拳老头子打的东西学什么"这一言论表示愤慨；用户"小琳子"也对于其他网友关于"太极拳是老头老太太健身用的"这一评论进行反击，并表示太极拳是"中华的骄傲""太帅了！！柔的时候柔，强的时候那么有力，看得我好激动啊！！！！中国文化博大精深！！！"（该评论为获赞数量498次的热门评论）；用户"gxgugcg"则表示自己在观看该视频的时候，引起了自己"也是练太极的"父亲的注意，两代人一起观看了这个视频，这一定程度上体现出了该内容在代际、不同趣缘圈层间（无论关注点在快闪文化还是太极文化）的融合流动的可能性。在社交媒体时代，最好的传播是"让所有人告诉所有人"，上述的用户通过弹幕、评论等渠道的参与行为，是传统文化借助互联网实现覆盖面扩大的一种路径，而即使在用户画像年龄集中在20岁左右的B站，用户也并没有表现出过度沉溺于亚文化（快闪）狂欢，而忽略对内容中中华文化价值的关注的价值观困境，虽然这只是个例，但也可以让我们对于这些"游离"而"不忠"的后亚文化青年的文化素养和媒介素养产生了更多的信心。

案例分析（七）：古文明与新文化——博物馆营销的融合创新思路

位于四川广汉西北鸭子河南岸的三星堆遗址，是迄今在西南地区发现的范围最大、延续时间最长、文化内涵最丰富的古城、古国、古蜀文化遗址，被称为 20 世纪人类最伟大的考古发现之一。2021 年，三星堆遗址中 3 至 8 号坑的发掘开采工作展开，引来了各大媒体跟踪报道，社会关注度极高。根据《四川观察》的数据显示，截至 2021 年 5 月底，四川广播电视台所推出的直播节目《三星堆新发现·揭秘》的观看平台相关话题和观看流量就超过 17 亿。

"考古"本属于有一定专业门槛的、似乎与普罗大众有些距离的领域，但三星堆的考古工作却能够催生出大量关注考古文化的"堆迷"，成为屡次登上新浪微博话题热搜榜的"顶流"，这奇怪吗？首先，在这个精神文化消费需求日益高涨的后亚文化时代，三星堆考古工作体现出来的文化价值与其内容的稀缺性（如此大型、高规格的考古开采直播内容可以被纳入"有生之年系列"[①]）自带流量密码，再加上多媒体联合直播、社交媒体话题造势、VR 及 AR 等前沿技术手段，这些对内容消费的体验提升都是锦上添花的。前文曾提到，后亚文化人群热衷于新奇文化消费体验，因此其对于以众多未解之谜作为传播"噱头"的三星堆考古工作的狂热追随，是合乎常理的，加上社交媒体平台的弹幕、评论等功能支撑着"堆迷"探讨并发表见解——"受众"认知癖的催化对于此类内容的消费而言是非常必要的；同时，在全球化发展的当前阶段，带有民族或地域属性的文化景观反而具备消费吸引力，尤其是对于文化自信高涨、试图通过本土文化消费来构建身份符号的中国年轻一代而言，对中国文化的相关话题体现出关注度，也就不足为奇了。三星堆博物馆也趁这波热潮将"考古"与新兴文化消费实现了融合式营销。

博物馆营销，是近年来中国文化创意产业的一个亮点，以往作为

---

① 有生之年系列：互联网用语，形容"受众"盼望已久、难得一见的内容。

线下文物典藏与展览机构的博物馆，在各大综艺、各类"潮品"中出现频繁，成为可以在互联网实现品牌化、IP 化，引发现象级的关注热潮的一支队伍，其可以创造出古文化在新媒体消费市场的新生机，而博物馆的这种"出圈"也成为传统文化网络化生存发展值得参考的前进路径。

与知名品牌、媒体的联名、合作是目前博物馆融合营销策略中的常见"打法"，如三星堆博物馆与淘宝造物节、《国家宝藏》曾联合推出考古摇滚盲盒；与办公软件钉钉联合推出广告短片《寻友记》；与彩妆品牌 INSBAHA 推出的联名系列产品；与长虹集团推出的"潮TV"；与工商银行推出联名银行卡；授权腾讯、网易推出《一起来捉妖》《我的世界》等游戏；与新华社、《四川日报》合作推出的二次元 MTV《三星堆"上新"！这波啊，DNA 是真的动了》，以及充满青年亚文化色彩的表情包——以三星堆的文物配上网络化的文字表达，使 #三星堆表情包# 的新浪微博话题量超 500 万。

上述合作使得远古文物实现了融合景观下的文化"穿越"——在考古盲盒中，三星堆文物成为摇滚青年；在《寻友记》中，它们成为下班之后只想"躺平"的成都"打工人"；它们可以是在彩妆品牌广告中的赛博朋克，也可以在《三星堆"上新"！这波啊，DNA 是真的动了》中成为"电音 + 鬼畜"的后亚文化载体。上述视频通过改编年轻一代熟知的流行歌曲《我怎么这么好看》，目前在 B 站拥有283.6 万播放量（数据截至 2022 年 2 月 8 日），弹幕中除对内容的评价外，最多的就是对于该视频的发布者的"官方"身份表示惊讶——"这真的是新华社？""这是真官方？""官方鬼畜"等感叹充斥弹幕——对于所谓"官方"基于正确文化解读的"下潜式"融合姿态，青年亚文化群体一般是会表示拥护的。

这种文化景观的融合的主导者是博物馆，因此其区别于纯粹的民间符号挪用式的娱乐狂欢，在内容中除兼顾娱乐性、互联网适应性以外，还给予了文化价值较大权重的强调与凸显。这无疑增加了相关内容策划与生产的难度——将传统的、主流的文化资源解构再造成为戏谑性的符号，这是较为常见的互联网游戏，但反过来，在戏谑性的符号中注入文化内涵，在符号意义的重构中精准控制文化的价值密度，需要确定融合中各个主体的力量强弱及主次之分，需要在雅俗并存的新兴文化表达中，开拓出更为系统而全面的文化消费体验路径。

例如，《三星堆"上新"！这波啊，DNA是真的动了》中背景音乐的"凸眼、大耳，叫我纵面面具；大鱼、飞鸟，猜我金仗秘密""威武，铜仁，看我衣裳华丽；铜轮，五分，是我太阳形器"等歌词，带有口语化叙事特征，同时也兼顾着对其文化特征的普及。三星堆摇滚盲盒中的摇滚歌手角色，也与三星堆文物的特征精确呼应，如摇滚"主唱"是三星堆的"黄金面具"，盲盒对此角色安排以"金声玉振"作为注解，"鼓手""纵目面具"则突出介绍其作为三星堆六大国宝之一的珍贵身份，再辅以对其"作为乐队老大哥"的现代化、拟人化的想象。让"下里巴人"融入"阳春白雪"可能会很别扭，反之亦然，尤其对于古文化的解码者而言，要融通古今本就非易事，而要将抽象的古文化符号融入后亚文化的复杂生态中，更需要内容生产者对传统、新兴文化同时具备深度解读能力，对分属不同文化圈层的经典元素、语态习惯等进行移植或嫁接，既要保证新媒体"受众"的内容消费体验，又要保障其文化价值不流失——这是传统文化在谋求互联网生存时，与新的文化、新的生态、新的语境融合过程中的难点。让优秀的传统文化走下神坛，走向这个国家的大多数，是互联网时代文化传承的一种重要思路。但必须承认的是，无论是二次元视频还是表情包，都只是一种面对互联网生态的文化探路，在此之中，"受众"体验虽然得以提升，但其适应碎片化消费的内容体量是否必然意味着文化深度及价值载量的让度？这是在探索过程中需要进一步解答的问题。另外，以博物馆为代表的传统文化机构，对人才储备的需求可能会因此发生改变，能够读懂中国传统文化、进行准确解码，同时精通新媒体内容生产与营销的人才会成为稀缺资源。

第四节 基于非遗体验的传统文化活化

非物质文化遗产（后统一简称非遗）是在传统文化的传承与保护中，重要性和参照性都尤其显著、非常值得单独开篇讨论的一个对象。2021年8月12日，中共中央办公厅、国务院办公厅印发的《关于进一步加强非物质文化遗产保护工作的意见》（以下简称《意见》），首次以两办名义印发关于加强非物质文化遗产保护的政策性纲领性文件，体现出了国家对于非遗保护的重视，以及非遗保护工作的必要性与紧迫性。《意见》指出："非物质文化遗产是中华优秀传统文化的重要组成部分，是中华文明绵延传承的生动见证，是连结民族情感、维系国家统一的重要基础。保护好、传承好、利用好非物质文化遗产，对于延续历史文脉、坚定文化自信、推动文明交流互鉴、建设社会主义文化强国具有重要意义。"

非遗范畴庞大，从广义上讲，非遗的范畴涉及前人遗留下来的所有非物质形态的、具有文化价值的遗产。联合国教科文组织的《保护非物质文化遗产公约》中对于非遗的定义如下："被各社区、群体，有时是个人，视为其文化遗产组成部分的各种社会实践、观念表述、表现形式、知识、技能及相关的工具、实物、手工艺品和文化场所。"它强调了一个重要条件，即"各个群体和团体随着其所处环境、与自然界的相互关系和历史条件的变化不断使这种代代相传的非物质文化遗产得到创新，同时使他们自己具有一种认同感和历史感，从而促进了文化多样性和人类创造力"。

欧阳正宇则在此基础上提出，非遗概念的产生，应该和"对于社会群体和人类文化的价值""在当代社会所面临的危险境地和缺乏保护的事实"紧密相连。①2011年6月，我国在颁布实施的《中华人民共和国非物质文化遗产法》中，将其内涵正式界定为"各族人民世代相传并视为其文化遗产组成部分的各种传统文化表现形式，以及与传统文化表现形式相关的实物和场所"。总而言之，厘清非遗的相关定位及概念，是为了进一步明确事实：作为中国传统文化的重要部分，非遗传承的重要性以及其在当代面临的"失传"的危险性是毋庸置疑的，但同时由于非遗是一种非物质、无法对其整体进行物理保管的遗产，其更多地依赖于人们的精神或意识储备，它的保护与传承就落在了文化共同体成员之间的薪火相传之上。因此，充分加深社会中每一个个体对于非遗价值的认识，对于非遗的保护与传承来说是非常重要的，而尽可能地使得每一个社会个体都感知非遗、认知非遗，从而产生文化认同感、形成传承合力，将传统文化转化为活态文化资源，并满足文化消费者的相关需求，这就是文化"体验"的意义所在。鉴于非遗范畴的庞杂性，关于非遗体验的探讨也是一个较为宏观的命题，由于篇幅有限，因此著者将借鉴学者在对非遗旅游的研究中所提出的两种理论视角——文化变迁与文化资本理论，来较为扼要地为目前时代背景下的非遗体验建构参考路径②。

一、文化变迁

无论是民族内部的自身文化演进，还是在不同民族的接触互动中引起的文化"内容或结构的变化"③，从人类学的角度，文化一直是一个动态发展的历程，也是文化变迁这一理论提出的基础。随着全球化

---

① 欧阳正宇. 非物质文化遗产旅游开发研究 [D]. 兰州：兰州大学，2013：4.
② 欧阳正宇. 非物质文化遗产旅游开发研究 [D]. 兰州：兰州大学，2013：12.
③ 欧阳正宇. 非物质文化遗产旅游开发研究 [D]. 兰州：兰州大学，2013：12.

的到来，文化之间的相互影响愈发显著，这也使得学者们对于文化变迁机制的研究视角发生转变。中国传统文化在一定历史阶段是繁荣耀眼的，但随着工业文明的到来，中国一度成为落后于西方的国家，在这种历史语境之下，中国在农业文明时期发展起来的文化的优越性受到质疑甚至否定，中国的文化变迁成为一种基于"农业文明—工业文明""落后—强大""过去—现在"等因素二元对立的、由前者向后者积极迈进的线性发展历程。这种迈进方式如果过于激进，或会造成后者对于前者的异化或者取而代之，而这也成为部分非遗失传风险的来源。

随着中国综合国力的日益强大，国家昌盛，民族文化自信心逐步恢复，过去那种出于摆脱困境而产生将"旧"的摒弃、"新"的纳入的文化变迁观念已经逐渐被淘汰。在互联网带来的新的全球化语境之下，文化随着技术的发展、社会结构的变化而产生变迁也是必然趋势。对于非遗而言，其在当代的生存路径也在发生变化——现代文明冲击着非遗所在地人们的生活方式，也使得非遗基于文化内部人群生活需求的"原生态"生存空间逐渐缩小，从而促使其文化功能发生变迁——转变为全球化语境下的民族主体意识、区域经济发展、提升地域能级的文化驱动力。因此，这也为其拓展出为外来人群文化体验所服务的、更为广阔与多元的生存空间。例如：原本为满足某个民族地区人群生活需求的手工艺制造技术，变迁成制造满足现代市场需求的装饰品、旅游纪念品，甚至"潮玩"产品，消费体验成为核心。例如非遗盲盒的出现，就是一种后亚文化视角下的非遗活化策略，其中的核心在于对"古"文化符号的提炼，再融合了"今"社会文化的价值需求，这是一种以市场为导向的文化变迁。这种活化可能会让文化物品产生物理形态或生存空间上的形变或重塑，转而成为一种精神层面的文化"复活"。

目前，依托适应当代市场需求，建立在非遗的文化消费体验上的变迁模式可以分为如下几种。

形态的变迁——诸如刚刚谈到的盲盒产品；或是提炼出非遗文化中的审美元素，或利用其工艺创造出新的产品，如非遗菜系食品样式的创新、非遗手工艺品外形的现代化改良，非遗服饰设计元素的提取与现代审美融合的服饰生产等。

时间的变迁——原本在特定时间，基于特殊原因（如节日庆典、宗教祭祀、风俗礼仪等）才会进行的活动或行为，如举办仪式或者歌舞等，都可以转变为一种表演艺术，依据"受众"的时间需求进行展示。

空间的变迁——日常生活中使用的物品走入了现代商场、艺术展厅、博物馆；处于特定地域的日常行为、风俗习惯，走向了更为广阔的展示舞台，这其中最大的舞台是互联网，它彻底模糊了地理因素的限制，使地域文化融入全球文化之中，使两者在交织和碰撞中完成了后亚文化时代的景观再造。

必须承认，这种基于"受众"体验的文化变迁，本质上是舞台化和商品化的，这让一些人对于文化遗产中的"原真性"是否会因此受到折损感到焦虑，因为我们提倡非遗资源的开发，初衷是为了遗产的保护与传承，而这与其原真性、完整性等相关要素的完好是息息相关的。这里似乎产生了一个悖论式的"困境"——非遗在当代的生存路径必须依靠资源的创新及再生产，固守原态意味着失传与消亡，这是已经论证过的问题，但这种"活化"必然意味着对其资源的复刻或再现式的展演，这又是否会扭曲其本真面目，对其生存构成威胁？

实际上，对于这种文化消费客体真实性问题的讨论已经存在了一定时间，值得借鉴的一个观点来源于存在主义视角，即强调文化消费个体的体验与感受，作为判定文化客体真实性的标准，这是一种符合非遗在当前社会所面临的客观条件与发展需求的弹性视角，比较具有可操作性。这个观点将重心放在非遗的文化消费者的立场上，探讨一种"真实"的文化体验，这种真实是一种戈夫曼所提出的"舞台真实"——一种脱胎于非遗东道地的原真文化的"复刻"真实，就如我们上文谈到的表演与商品，这是一种真实性的文化再现，但却具有"前台"性质的包装与设计，能在尽量保证消费体验的前提下，使非遗资源得到合理的保护。非遗的原始资源毕竟有限，不可能满足庞大的市场供给，且对非遗原始资源的消费，可能会导致其资源的破坏，反而对其原真性造成不可挽回的伤害。例如，大量游客涌入非遗东道地，不仅可能会对其自然资源造成伤害，还可能对其朴素民风造成破坏性的冲击。因此，将游客带到"观众席"上，使其通过"前台"感受非遗魅力，是一种文化保护措施，也是经由市场再创造手段，为非遗拓宽文化边界、注入创新活力的一种途径。

回到体验上来，非遗的文化消费，实际上是现代人的一种基于文化寻根，出于对远离工业文明的世外桃源想象性接近的符号消费。而符号本身就是一种物体的再现与表征手段，符号消费的真实也是一种想象性的真实，因此在一定程度上，非遗的文化消费体验的重点在于，让消费者通过符号消费，构建起逃离现实的精神家园和文化感知，而这个目标的实现，不必将人们推入原始的"后台"之中，通过消费"前台"所呈现的符号即可使消费者满足想象，获得完整的文化体验。

总之，服务于体验的文化变迁，是一种历时性与共时性视角融合的文化资源动态开发的过程，在此过程中，文化资源与市场有机结合，伴随着资源的再创造进行文化输出；在这个过程中，新旧理念的碰撞与交融，滋生出人们对于文化丧失的担忧，而最主要的担忧来源于文化的原真性遭受冲击、解体，或被新文化模式取代，进而变得不伦不类。例如，网红李子柒在通过拍摄一系列归隐乡村、凸显传统文化魅力的视频走红网络，甚至在以 Youtube 为代表的海外平台获取可观流量的时候，曾经引发过类似讨论，即其呈现的中国文化图景，尤其是中国乡村文化图景是否真实的问题。无疑，李子柒视频中的文化图景，是一种典型的美化过、加工过、处理过的"前台"呈现，但正如《人民日报》所说：李子柒视频的样本意义，绝不应被忽略。无论怎样的文化，想要让人理解，必先打动人。北京大学中文系教授张颐武也提出，李子柒的视频"从感性上会让人形成一种文化的初步和基本印象……为更多高雅文化传播打开了空间"。李子柒为"受众""体验"中国传统文化构建了一个"符号真实"的世界，而非遗的传播亦是同理——适应现代社会的"受众"体验感的强化必须受到重视，这是文化得以获得长久生命力所迈出的第一步。而后亚文化时代为我们创造出了更为广阔、流动、多元的符号空间。符号空间的构建，促进了文化碰撞、创新、交融的可能性——如被称之为"匠 N 代"的年轻的非遗手艺人，通过互联网为非遗文化创造出新的符号价值，进一步强化了"前台"与"后台"的物理区隔，为非遗东道地的原始人文生态的保护留有一丝余地（虽然网络宣传容易将东道地变为"网红打卡地"），避免外来文化对于东道地文化的过度涵化风险，同时通过互联网用户的消费与分享行为，有利于实现非遗文化的意义再生产。

二、文化资本

文化资本是 20 世纪 80 年代的法国社会学家皮埃尔·布迪厄提出的著名概念，是文化产业的理论基础。除了文化价值以外，经济价值的体现是文化资本的一种重要表现形式，澳大利亚麦考里大学的经济学教授戴维·思罗斯比将文化资本按照"有形"和"无形"进行划分，按照其划分标准，非物质文化遗产属于一种无形的文化资本，思罗斯比认为，无形的文化资本，如"文化风俗的积累""文学的积累"[①]等，其文化价值与经济价值是脱节的，也就是说，思罗斯比认为这些资本的文化价值毋庸置疑，但却不能交易也不能创造财富，而无形文化资

---

① 欧阳正宇 . 非物质文化遗产旅游开发研究 [D]. 兰州：兰州大学，2013：15.

本的经济价值体现必须建立在其相关服务的流通上。上述理论为我们提供了一个思路：无形文化资本的价值需要依托有形的服务提供，变成人们能够感知、接受、认同的文化体验，从而实现其作为财富的市场交换与流通价值，或称之为文化附加值，这也是非遗产业活化与发展的重要驱动力。这促使我们将非遗保护与资本的入场联系在一起。事实上，在目前的非遗产业发展过程中，资本力量的介入已经成为常态。目前，我国非遗项目仍普遍存在规模小、分布散、产能低、标准化能力差等问题，这成为其融入市场的短板。因此，资本的力量有助于非遗产品和服务实现更为标准化、高质化、稳定化、品牌化、普适化、规模化的能级提升，尤其是在对于非遗 IP 的孵化与升级上，资本力量支撑着其熟悉市场、适应市场、扎根市场，更为迅速地构建起从产品开发到价值转化的产业闭环。目前，在政策与资本的双重加持之下，非遗项目覆盖游戏、直播、服饰、餐饮、主题乐园、文化街区、新型旅游等线上线下的多个领域，给普罗大众提供了多元化的体验途径，创造了更为优质、容易触达的文化体验空间，推动了其文化价值与经济价值的双重统一。

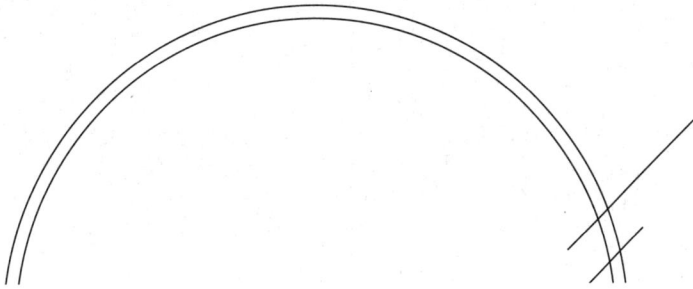

第五章　中国文化的输出与生存

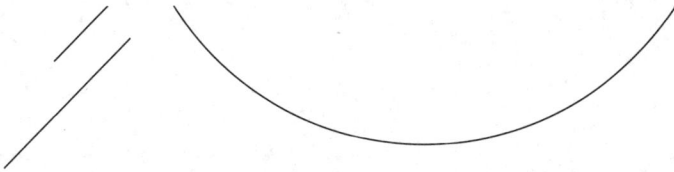

互联网使得全世界的人们跨越了地理的区隔与限制，有机会成为想象的共同体。文化的全球化已经成为一个现实命题，因此当我们在探讨传统文化的现代化或网络化生存时，必须将其放置在文化全球化的语境之下才能合理。中国文化如何在互联网时代进行有效的对外传播，是时代趋势之下的文化传承与发展中的必然探索。习近平总书记在中央政治局第三十次集体学习时再次强调推动中华文化"走出去"的重要性与必要性；党的十九届五中全会也将中华文化的对外影响力提升作为"十四五"时期的经济社会发展的主要目标之一，并提出要重视"中华文化对外传播内容的丰富性、传播途径的多样性、文化影响的持久性"的"有机整合"，以提升国家文化软实力，实现2035年建成文化强国的宏伟目标①。因此，我们更需要立足于时代背景，探寻中国文化的输出之路及这对于其文化生存的影响。

第一节　文化全球化新面貌

无论在什么样的时代，中国的传统文化保持其民族性是其生存的根基和前提，一个没有专属于自己民族特色的文化是没有魅力的，更谈不上提升文化影响力和民族文化自信。但是让传统文化融入全球化浪潮，也是一种获得生存的科学选择。从古到今，正是各地区、各民族文化之间的相互融合，造就了璀璨的人类文明。全球化是20世纪90年代逐渐兴起的概念，从国际文化的视角，全球化应该被界定为"在世界范围内起作用的文化的生长与加速发展的复杂的整体过

---

① 光明日报. 推动中华文化走出去 增强国家文化软实力 [N/OL]. [2021-06-16]. https://baijiahao.baidu.com/s?id=1702694159675087013&wfr=spider&for=pc.

程，特别是世界整体意识的形成过程"①。从全球化的历史发展沿革来看，第一阶段（19世纪中后期到20世纪初）是资本和劳动力的全球流通；第二阶段（20世纪五六十年代）是国际金融与国际贸易的繁盛；第三阶段是20世纪70年代，在以信息技术高速发展为主的科技革命背景之下的全球化景观出现，伴随着这一背景之下出现的后亚文化，逐渐瓦解了芝加哥学派和伯明翰学派时期关于全球/本地的二元区分，以更为虚拟的、符号化的、边界模糊的场景概念，为各个地区和民族传统文化的生存提供了一个更为开放、多元的生存环境，使文化的全球化进一步实现。

2000年之后，各种文化资本的发展都必须被放置在全球化的语境中才具备探讨价值，马丁·罗伯茨在其《全球性地下札记：亚文化与全球化》一文中首次提出了"全球性文化产业"的概念②，认为新部族们在依托于互联网的文化实践和内容消费的过程中，逐渐将本土文化符号与跨文化的符号解码视角糅杂在一起，且在后亚文化时代背景下，文化的全球化呈现出了一种新的面貌。

第一，区域力量的转变。全球化等于西方化——这是全球化发展的早期阶段常见的论调。由于经济、科技等力量的悬殊，早期的全球化呈现出一种东方向西方靠拢的单向度的发展模式，文化传播亦如此。以美国为首的西方国家因好莱坞电影、流行音乐等形式，被诟病为文化帝国主义，而中国传统文化在西方的传播中带有典型的"东方神秘主义"的他者化刻板认知，这种文化力量的悬殊，映衬出一种"东方亚文化"的边缘化特征。而随着互联网将文化与亚文化之间的界限不断消融——在后亚文化时期，所有的文化都不同程度地被卷入了"循环流通和民主化"的过程之中，形成了一种"关联着全球媒

---

① 孙熙国，刘志国. 全球化与中国传统文化的现代转换 [M]. 山东：山东大学出版社，2009：67.

② 罗伯茨. 全球性地下的文化札记：亚文化和全球化 [M]// 陶东风，胡疆风. 亚文化读本. 北京：北京大学出版社，2011：402.

介"的"新的文化政治形式"①。在此期间，从中国为代表的东方力量的崛起，逐渐在扭转以西方为轴心的文化全球化局面。例如在电影领域，中国以投资、合拍等形式，逐渐将文化资本扩张到好莱坞链条之中；而如李子柒这样的"民间"文化载体，也在资本的助力下，在西方的主流互联网平台获得了一席之地。中国文化逐渐获得在海外的媒介塑形主动权，不再为娱乐西方"受众"而呈现出文化的矮化式塑造（如在早期西方电影里出现的小眼睛单眼皮、总是唯唯诺诺的中国人形象），而有了更为多元化的展示角度——成都太古里的时尚街拍在西方社交媒体平台吸引了流量，这使我们看到，西方对中国文化的触角已经真正深入了我们民族的街头巷尾、生活日常之中，这使得中国文化在后亚文化时代的世界舞台上，逐渐呈现出由边缘向普众、由抽象向具象、由单一向多元、由狭隘向全面的景观演变。

第二，趋同到融合：文化的共同在场。全球化带来了文化的融合，其最直观而显著的表现之一在于大众文化的趋同。以美国为代表的西方国家在一段时间内成为引领全球大众文化的轴心。例如，在20世纪80年代，中国普通老百姓对于西方文化的感知，在于随身听里的英文流行音乐、好莱坞大片，以及麦当劳、肯德基、必胜客之类"价格不菲"的餐饮文化消费体验。文化消费的趋同性，也体现在了经济全球化在全球化的初期阶段中的显著性，即资本以流行文化、大众消费的方式抢夺着文化的主导地位与媒介话语权，导致发展中国家的大众文化成为发达国家大众文化的追随者。电影《欲望都市2》曾刻画过这一场面：几位阿拉伯女性向前来旅游的美国女性，展示了在包裹严谨的传统服饰之下，藏着鲜艳性感的西方服饰——电影实际上是在展示一种以服饰文化为表征的意识形态力量的悬殊，这种差异性是站在以西方（美国）文化为主流、优质文化的立场，对比出其他文

---

① 罗伯茨.全球性地下的文化札记：亚文化和全球化[M]// 陶东风，胡疆风.亚文化读本.北京：北京大学出版社，2011：184.

化的小众、边缘、奇观，以及渴望融入西方文化语境的特质。文化领地的争夺的背后是意识形态的领地争夺，文化全球化中如果出现了马太效应，从而导致主流的更主流、核心的更核心、边缘的更边缘、弱势的更弱势，那么最终的局面将会是文化弱势国家的传统文化传承难以为继，从而使其成为强势国家的文化殖民地，其意识形态、价值观等也会丢失托生于本国文化之中的特色与精髓，出现以别国价值体系为尊的风险，这对民族的凝聚力、独立性来说是极其不利的。

因此，在上述的文化全球化过程中，话语权力量的悬殊，导致了部分文化的失语或缺席。中国文化在这样的全球化浪潮之中，一方面担心带有文化帝国主义色彩的强势国家，在文化扩张中以自身文化的流行性来干涉别国文化主权、试图平整其他国家文化差异性的文化霸权行为；另一方面，也要担心由于过分担忧文化的侵略与冲突，陷入固步自封、拒绝与外来文化互通的文化部落主义的另一种极端。

而互联网时代的到来，为文化的全球化打开了另外一种发展思路。互联网提供了一个开放的、多元的文化展示与文化辩论的空间，这很大程度上提升了不同文化的在场感。不同于传统媒体时代资本包装下的文化输出，后亚文化时代的不同文化的生产与消费都充满着不确定性：参与者与消费者都是不确定的、生产与消费的行为也是不确定的，无数草根化的文化塑造与民间的文化表达，使得资本包装下文化精致的外壳变成了充满浮动变化的文化符号，尤其是在社交媒体的场域中，文化的载体还包括了普通人日常的、生活化的、碎片化的表达，不同于大制作的好莱坞电影、精心拍摄的流行音乐MV，出现了另一种去包装化的、去编辑化的文化景观，这一定程度上阻碍了文化表达中的政治色彩的输入。在这个过程中，文化以相对自由和本真的面目出现，这似乎更容易打破渠道单一、精心设计的文化产品所带来的盲目文化崇拜，也让文化的交流和互动成为一种与意义脱节的、随性的文化消费常态。

文化消费更加充满个人情感和娱乐化的色彩，从而演化成了个性化、多元化的文化呈现方式。后亚文化时代的族群，已经习惯于用情感化、个性化、娱乐化的框架去解读任何事物，如把西方政治人物转化为碎片化的网络"段子"、表情包等娱乐文本，用以进行个人化的表达——社交媒体让国际事务容易被置入基于个人经验与情感的讨论框架，使得任何国家的形象都可以从社交媒体上细枝末节的讨论中得以完成一种民间维度的建构，而代表不同意识形态的文化符号在互联网个性化消费中可能遭到挪用与重构，同时不同国家的人们在互联网提供的自由对话空间中更有可能实现价值的相互采纳。同时，在互联网构建起来的相对自由的观点及意见市场中，中国传统文化被放置于全球文化交融的语境之下，以一种全新的维度被看到、被讨论、被重构。例如，谈到中医文化时，以循证医学为代表的西方医学视角被糅杂在讨论之中，中医的支持者与反对者各执一词，现代性与传统性的优劣被反复对比论证，人们从个人体验中提取出论证的依据与视角——如某个网络用户分享了自己的某种顽疾，在西医久治未愈的情况下，通过中医的疗法得到了控制；同时，关于中医的某些错误认知与过度夸大疗效的说法也在争辩中通过这种"互联网自净系统"获得去粗取精或是拨乱反正的机会。个体的经验并不一定具有代表性，最终也许没有任何人能够全盘否定中医或西医任何一方的价值，但最重要的是，我们的文化可以成为一种持续在场的议题或者符号，被拿出来反复展示和深入挖掘，甚至在争辩中演进，这对于中国传统文化融入现代化社会、保持"在场感"而言是有利的。

文化的在场感使得文化的全球化不再是单向度地向着一种文化趋同式发展，而成为一种多种文化在场的相互融合，中国传统文化的价值观、意识形态等，也能够随着互联网上的各种官方的、民间的不断表达深入文化全球化的肌理之中，成为文化的消费品，也会被其他国家的人们所内化，久而久之可能成为构筑他国文化中的一种影响力因素。正如我们前面提到的中医文化，就有包括好莱坞明星、奥斯卡影后在内的人群在社交媒体上分享关于针灸、拔罐之类的中医疗法带来的益处，总而言之，互联网所带来的后亚文化的液态环境，让全球文化的"百家争鸣"更具可能性。

第三，基于文化自信的复合型本土文化景观塑造。文化的全球化带来了更为复合的本土文化景观，在资本的助力之下，各个国家的文化都有可能进入他国流行文化的范畴之内，被挪用或改造成为一种基于文化想象的流行元素，或成为一种凸显差异化文化价值的消费"噱头"。在中国，这种文化全球化视域下的本土文化景观的建构，显著地体现在基于文化自信的消费主义狂欢之中，"国潮"的崛起就是一个很好的例子。近年来，随着中国年轻一代的文化认同感日益提升，一些带有显著的中国文化属性的消费领域显示出强劲的市场优势，而互联网的舆论氛围也使得这种文化自信与消费取向进一步提升了其存在感，使以往"国货"所代表的"质量不好""落后"等负面标签被"潮流""民族情感""高性价比"等积极的符号意义所取代，由此出现了"国潮"的概念及随之而来的消费热情。作为"国潮"中的领头角色，服饰品牌"中国李宁"在其2018年的联名系列中推出了与迪士尼公司合作的米奇联名系列，另外还有与日本艺术家空山基的联名设计等，这些跨圈层、跨领域、跨文化的联名模式已在流行时尚领域司空见惯。资本的跨国界合作带来了文化的进一步融合式重构，而即使在文化自信的命题之下，中国本土文化的市场化之路也不可能脱离世界性的文化审美或消费语境独立存在，于是我们看到了越来越多的注入多种文化生命力的复合型的本土文化景观，以及一种融入外邦文化元素的"新中式"概念。这种现象在全球范围内日益普遍，这并不需要引起我们对于本土文化是否会异化或者流失自身价值的过度担忧，因为传统文化的演变从来未曾停歇，后亚文化时代的消费氛围，更是让所有文化都可以分解成为纷繁多样的符号，再被重组建构成为复合型的跨文化消费品，成为后亚文化"超市""货架"上的一员，这是稀松平常的事，也是中国文化的现代化转型中的道路之一。在"中国李宁"的跨文化设计中，中国文化的本质精髓仍是其最大卖点，如其标志性的"中国李宁"的繁体字标识，及其中式元素在设计中的运用等。

在文化的跨文化传播中，不可避免的局面之一，就是一个国家的主流文化会成为其他国家的亚文化。在曾经以西方为核心的世界文化格局中，欠发达地区的文化常常被视作一种带有异域情调的另类消费品，用以强调他者与我们的区别，或体现出一种很"酷"的复古情怀。对于亚文化而言，市场化被视作其文化资本消减的开端，但对于传统文化而言，进入他国领域成为规模化生产的产品，并非是一件让人头疼的事情。但关键在于，这种市场的收编，主动权掌握在谁的手里？是其文化东道地，还是试图挪用其文化资源的异国资本？这两者的区别对于一个国家的文化输出而言会产生不同的影响，接下来我们将分别从西方资本对中国文化的元素"借用"，以及中国本土叙事者的文化输出中各选案例，以分析建立在文化输出之上的中国文化的生存之路。

第二节　中国风——文化输出还是镜花水月？

一、Met Gala 与杜嘉班纳

在文化产业的全球化趋势日益显著的时代背景之下，时尚风格或是时尚文化的全球化也成为备受关注和讨论的焦点。作为一种"可穿戴"的文化，时尚产品及其相关产业对于现代社会国家在全球的

文化话语权争夺而言意义非凡，就如同源于美国文化的牛仔服饰流行全球、经久不衰，或是近些年来在时尚界成为网络传播高频词汇的"French Chic（法式时尚）"，或是 20 世纪 90 年代末到 2000 年初在中国青少年中流行起来的"哈日""哈韩"的文化现象等，这种以时尚风格、热销商品、偶像崇拜为载体，通过广泛而深入的大众消费渗透的文化力量构建起来的，是一种国家经济、政治、文化、意识形态等力量的象征与侵入。近年来，随着中国经济的崛起、中国人消费实力的显著提升，"中国风"开始进一步展现出其在全球时尚消费领域的商业价值。无论是迅速崛起的各类以中国风元素为标签的中国本土"国潮"品牌，还是在每年春节期间争先恐后地将当年所对应的中国十二生肖元素略显突兀地呈现在产品设计中的西方奢侈品品牌，"中国风"似乎成为一种越来越被重视的时尚元素（至少成为社交媒体上被广泛关注的话题），对中国文化元素的运用也似乎成为中外时尚界凸显其商业价值的积极符号。

这总体而言是一种好的趋势，但问题的关键在于，上述的时尚生产者们，尤其是那些"外来和尚"对中国文化元素的提取、运用，到底是出于一种怎样的视角，对于中国文化的构建与输出又起到了什么样的作用？

Met Gala，又称 Met Ball，中文可译作"纽约大都会艺术博物馆慈善舞会"，是来自西方的全球时尚界的顶级盛事。从 20 世纪 70 年代开始，Met Gala 就在每年五月以一个特定关键词为主题，邀约来自全球的时尚名流、演艺明星，围绕当年主题作为"Dress Code（着装要求）"盛装打扮出席这一活动。迄今为止，Met Gala 的主题中出现过两次中国符号，第一次是在 1980 年的"The Manchu Dragon：Costumes of China, the Ching Dynasty（满族龙：中国服装，王朝风格）"，第二次是在 2015 年的"China：Through the Looking Glass（中国：镜花水月）"。互联网时代的来临，以及大量中国名人受邀的参与，使得第二次中国主题在中国本土赢得了极高的关注度以及讨论度，但有意思的是，来自中国互联网的声音显示，中国对于这次主题诠释中的中国元素运用与呈现效果并不完全满意，尤其是对一些出席 Met Gala 的西方名人身着的所谓中国风服饰，呈现出了戏谑性的批评态度。例如《新京报》评论道："外国明星们想象中国，就千奇百怪了。有的戴上了中国福娃的礼帽，扮演舞龙舞狮里的吉祥物龙和狮；有的穿一身金黄色的超级大龙袍，形象地演绎了中国民间小吃摊鸡蛋饼的神韵；有的打扮成红锦鲤，祈祷'转发就能转运'；有的演绎出大妈们喜闻乐见的睡衣文化……还有一些明星们，好美好美，但有的是中东公主，有的是泰国妖姬，有的是东南亚兰花妃子，有的是日本武士——惟（唯）独不是中国风。吃了没文化的亏啊。"[1]

该媒体辛辣地将 Met Gala 上的这场西方人组织的中国风时尚展示称为"东施效颦"，并称这是西方在无法消化和理解中国文化的情况下的一种匆忙而尴尬的示好。

有意思的是，2015 年 Met Gala 的主题词"镜花水月"出自明代谢榛《诗家直说》卷一："诗有可解不可解，不必解，若水月镜花，勿泥其迹可也。""镜花水月"一词也被后世用来指代虚幻之事。因此，"镜花水月"被拿来作为西方时尚盛典的主题词，恰好符合了西方一直以来对东方文明的想象性表达惯性——从最初基于殖民主义权力结构的叙事方式，到冷战时期对于神秘东方异域的探险式想象，再到如今绕消费产生的简单粗暴的文化符号提炼和使用，始终呈现出一种关于"他者"的想象式文化体验，属于一种镜花水月般的亦真亦假的文化解读与重现。

在互联网所带来的全球性文化产业的背景之下，对不同文化语境下的资源挪用已是常态。马丁·罗伯茨在《全球性地下文化札记：亚

---

[1] 新京报. "时装奥斯卡"背后的中国想象[N/OL]. [2015-05-07]. http://epaper. bjnews.ccom.cn/html/2015-05/07/content_575460.htm?div=-1.

文化和全球化》中称："一个地方的主流文化在另一个地方可能会变成亚文化。"对于西方发达国家而言，对于第三世界国家文化元素的时尚消费曾经是基于一种对于逃离西方、逃离现代的值得向往的怀旧复古情愁，尤其是在第三世界国家缺位于对自身文化进行叙事的历史阶段，这种对于文化他者的"镜花水月"般的想象与消费，实际上是将真实的他者文化景观以及他国消费群体排除在外的，是一种满足西方消费者关于"逃离"的浪漫主义幻想。马丁·罗伯茨通过果阿出神音乐运动——一种源于西方发达国家、但却选址于发展中国家的原始地带的亚文化音乐节文化，用以描绘这种"得益于殖民权力关系和经济不平等"的"逃离"：一方面，来自西方的音乐节参与者，通过购买昂贵的门票，来到经济相对落后地区的"热带雨林"，通过想象性地消费与西方工业文明及现代化完全不同的"他者"景观，满足其"逃离"需求，实现一种差异化身份构建。在这种文化消费的过程中，关键在于将"他者"文化中的文化元素，挪用为一种未曾被开发过的亚文化元素，满足这些消费者逃离现实的复古愁肠。另一方面，罗伯茨讽刺地指出，这种文化消费是真正建立在对别国文化的尊重和热爱上吗？答案是否定的，更直白地讲，这种文化消费仅仅需要的是一种属于陌生而遥远的文化所带来的差异感与优越感，是将别国文化转化成为一种被精英文化所依赖的亚文化资本，而这些文化原生地的居民反倒是被忽略甚至被排除在外的——在波多黎各热带雨林举办的果阿出神音乐节，用昂贵的门票将当地人排除在参与者之外，呈现出一种"占据第三世界国家领土、开发自然资源、重构本土经济、开拓本土的劳力市场"的新自由主义运作方式①。

2018 年 11 月，即将在上海举办其品牌大秀的杜嘉班纳（Dolce&Gabbana，简称 D&G），在社交媒体平台放出的品牌宣传短片《起筷吃饭》中，一个被舆论视为带有典型西方刻板印象中的中国

---

① 陶东风，胡疆锋. 亚文化读本 [M]. 北京：北京大学出版社，2011：409.

人形象的模特，在用筷子笨拙地食用玛格丽特比萨饼、香炸甜卷、番茄酱意面等意大利食物。该片从配音、演员形象到其短片文化和创意等，都在中国网友中引发负面评价，网友称其刻意塑造丑化的中国形象，并对中国传统文化有贬低和歧视的嫌疑。如果网友们的感受是客观的，那么杜嘉班纳的这种对中国文化元素的挪用方式，实际上与波多黎各的果阿出神音乐节，在本质上是异曲同工的——对他国文化的理解或运用视角，是建立在一种西方至上的傲慢态度之上，并将他国文化作为取乐西方世界中产或精英阶层的消费群体的奇异景观，作为一种建立身份差异性的亚文化资源，并将他国居民的文化审美和文化参与、文化消费完全忽略或排斥在外。但与果阿出神音乐节不同的是，杜嘉班纳本身面临着庞大的中国消费市场以及中国互联网的舆论力量，它无法像果阿出神音乐节一样，在挪用完其本土文化元素之后，又把本土居民排除在文化资本市场之外，相反的是，杜嘉班纳需要最大限度地争取中国消费者的青睐，并亟需在互联网上赢得良好的声誉（赢得市场所在地的社交媒体接纳与关注是任何品牌公关的首要任务），希望他们成为品牌最忠诚的消费者。于是这个事件变得十分矛盾——一方面，宣传短片被打上了带有新殖民主义叙事风格的他者化烙印，甚至让人察觉到文化帝国主义那让人不安的意识形态，即带有文化优越感地对他国文化进行矮化的"侵略"行为；但另一方面，该品牌紧锣密鼓准备的 2018 杜嘉班纳上海大秀和其在中国市场野心勃勃的市场策略又让人感受到，从逻辑上讲，该品牌取悦的对象是中国消费者，没有理由将他们排斥在外，所有资本都明白，网络舆论的敌对对于品牌的生存而言几乎是毁灭性的。

无论如何，杜嘉班纳所导致的这场口诛笔伐，不只是因为其对中国的"无知"，这种风格塑造中掺杂着文化东道地的本土"受众"所不能接受的恶意的文化扭曲，被文化所在地"受众"排斥在外——杜嘉班纳的"辱华短片"在社交媒体上持续发酵以后，最终导致品牌口碑彻底崩塌，当年的上海大秀取消，该品牌多家中国门店的经营难以为继。在中国力量崛起，中国文化在文化全球化背景下积极追求文化在场感的当下，抱持原有的殖民主义色彩的文化挪用策略，在中国的消费语境中已经不再适用，归根结底，这还是取决于取悦的对象是谁的问题——波多黎各热带雨林中的果阿出神音乐节的取悦对象并非波多黎各人，因此在文化塑形中，可以毫不掩饰地将第三世界国家的文化视作亚文化资本，极力凸显其边缘性、他者性以及因经济落后而呈现出的复古与怀旧吸引力。而对于波多黎各人民而言，这种文化挪用策略并非是友好的，但他们无能为力。而试图在中国举办大秀的杜嘉班纳，和在纽约举办的 Met Gala 一样，资本的企图都是将其认为的中国文化元素作为流行时尚的标识，从而获得文化东道地"受众"的青睐，从而使得其认为的中国文化元素成为"吸金"的大众时尚消费符号，只是这种文化元素的运用很多时候带着一种基于傲慢态度的理解偏差或是急功近利的示好，因而显得诚意不够或是充满刻板偏见与歧视。最为重要的是，中国人在此中的角色绝非是无能为力的"被殖民者"，而是以一种文化主权者的视角，在审视、评价着这些来自西方的时尚资本，评论其对中国风的时尚演绎是否能够真正有效融合中国文化，摆脱镜花水月般的东施效颦，而真正从价值和审美情趣上传递出中国文化精髓。

无论如何，时尚界中的中国风趋势，是基于资本价值判断的一种文化在场感的表现。但上述杜嘉班纳和 Met Gala 都让我们看到了：由西方资本主导的中国文化元素的运用，容易成为一场关于资本收编的"作秀"。著者在此借助罗伯茨对于亚文化产业的逻辑——资本对于超越它的亚文化实践商品迅速收编并将其作为工业化的产品进行批量生产，而最终使其成为大众流行文化中的一员，但对于亚文化而言，这被视作为"死亡之吻"，因为经由媒体大量曝光而沦为流行文化的亚文化会失去其独特的小众价值，从而走向消亡，而资本总是锲而不舍地消除这种文化边界，使其成为一种消费主义狂欢中的一员。这种逻辑对于中国文化在西方文化消费主义语境下的生存逻辑而言具有一致性，但著者认为，与"死亡之吻"的悲观论调不同的是，中国文化并不像亚文化一样，我们不需要在全球化背景下保持其与其他文化或资本之间清晰的边界，相反，我们并不排斥将中国传统文化发展成为具有更广阔市场的流行文化消费品，或是在媒体上赢得广泛关注，这本身就是中国文化所寻求的在互联网时代的一种生存之道。因此，我们也无需对于西方资本的经济行为中对中国传统文化元素的挪用与文化风格重构陷入一种对文化帝国主义恐慌情绪之中——虽然从Met Gala 或杜嘉班纳的案例来看，西方世界对于中国传统文化的阐释总是有些想当然，甚至与中国"受众"形成意识形态的冲突，但这其实是文化全球化之下，不同文化交织之下一个可以被预想到的阶段。汤林森在其《文化帝国主义》①中指出，所谓"民族"是一种后现代的现象性概念，传统文化本身就是基于想象的变化的客体，因此目前所谓文化帝国主义的极端批判其实是对于资本主义消费文化的怨怼，是全球化语境中资本参与下的一种不可避免的经济行为和过程而已，西方文化也不能"幸免"。如美国的嘻哈文化的元素，被中国的娱乐或时尚资本进行了符号的挪用与文化风格的本土化重构，以取悦中国消费者，这其中的文化形变和一些肤浅的、想当然的阐释是很常见的。

虽然汤林森关于民族和文化帝国主义的看法存在争议性，但是其为我们提供了一个看待全球化背景下传统文化重塑的视角：资本的介入，会使得中国传统文化被放置在全球化消费市场的视域之中，文化在被收编的过程中自然而然出现了符号意义或者风格的跨文化、现代化重塑以及文化内涵表达的不确定性，但我们不必为此过度恐慌和担忧，只要保证中国消费者与中国本土资本在这场"游戏"中不再缺位，成为"玩家"之一，掌握越来越多的话语权，就能够使关于中国

---

① 汤林森．文化帝国主义 [M]．冯建三，译．上海：上海人民出版社，1999．

文化的全球化叙事和传统文化的价值期待相吻合。另外，传统文化在社会的变迁中一直是发展变化的姿态；同时在全球化的浪潮中，互联网进一步打破了不同文化之间的圈层边界，实现了文化流动、融合，且文化符号随着碎片化、娱乐化的后亚文化消费浪潮，出现了跨文化、跨阶层、跨圈层的多种叙事主体。在互联网技术的支撑之下，这些多元叙事或消费主体共同参与了中国文化的全球化发展过程，使中国文化传播在融入全球化语境的过程中，在与不同文化的叙事者的碰撞之下出现了不一样的风格与形态，最终再回到中国本土重塑一种我们内部的文化风情与景观，这也是一种可以辩证看待的中国传统文化发展路径。

二、中国网红与中国故事

在如今日趋复杂的国际舆论环境之下，中国国家综合实力、国际影响力提升中的关键之举，在于由中国人自己发声，讲好中国故事的这种文化输出方式。中国故事的讲述，要以中国文化为核心，以构建积极正面的中国国家形象为目的。其叙事的手段与视角多样，可存在于经济、政治、文化、外交等多个领域的渗透之中（如在新冠疫情期间，中国向全世界120多个国家和国际组织提供超过21亿剂的、占中国以外全球疫苗使用总量的三分之一的疫苗，这实际上也是特殊时期一种国家国际形象的构建方式）。当然，现代社会的任何叙事都无法脱离媒介的影响，在互联网时代，中国故事的讲述进一步融入了民间参与者，和以往依靠专业媒体、擅长宏大叙事的输出方式不同，互联网时代的文化输出可以通过更为大众化、草根化的内容生产方式，将中国故事的讲述浸润在娱乐性的内容消费之中，尤其在近两年，伴随着李子柒这样的网红完成其内容"出海"，其所传播的内容与中国故事讲述效果之间的关系定义，就被纳入文化输出的议题范畴之内，成为一种带有争议性的中国文化的跨文化叙事模式。

从 2016 年开始，年轻的中国女孩李子柒，以家乡四川绵阳乡村为背景，以美食制作为亮点，创作了一系列网络视频。李子柒在视频中总是亲力亲为地呈现出农耕文明之下的诗意乡村的生存方式：食材种植、烹饪、传统手工艺等，均呈现出一种"晨兴理荒秽，戴月荷锄归"的中式归隐之风，这种强烈的个人风格使其被网友称为"古风美食博主"。截至撰稿时，李子柒在新浪微博的粉丝为 2700 万，抖音粉丝超 3000 万，其在中国互联网平台中可以当仁不让地进入头部网红序列。

李子柒作为网红的影响力已经走出国门。在美国最为知名的视频网站之一的 Youtube，李子柒发布了 100 多个视频，单条播放量均超过 500 万，部分超 2000 万，粉丝数量超 700 万，其传播效果甚至超过了美国本土乃至在全球都极具影响力的媒体——CNN 的平台表现（CNN 在 Youtube 上发布视频的单条视频播放量极少超过百万）。

中国网民惊讶地发现，李子柒在 Youtube 发布的视频，即使在未经翻译的阶段，也依然使海外网友呈现出了对其内容的兴趣与积极评价——网名为"Maryam Sajadinezhad"的 Youtube 用户在其视频下留言称："Hi，我是伊朗人，我看完了你所有美好的视频。我爱你的烹饪与艺术，尤其是你那美丽的花园，我希望你永远成功……"网名为"Die Rasselbande"的 Youtube 用户留言称："我想知道她到底住在什么地方，又靠什么维生。是以 Youtube 视频制作为职业了吗？她太美太有才华了。来自德国网友的问候。"

有了赞誉与流量，剩下的问题就集中在了李子柒能否作为文化输出的样本之上。否定者认为：李子柒对于中国故事的讲述，是建立在对农耕文明、中国乡村的过度诗化之上，呈现出了一种迎合西方想象的、非工业文明世界的他者化的东方，脱离了已经进入科技时代的中国目前的社会现状，也并非现代化中国社会乡村现状的真实反映，是一种刻板化的、肤浅化的文化叙事视角。随着工业革命、科技革命对西方国家的现代化改造，农耕文化确实成为一种寄托西方人怀旧乡愁、"逃离"想象的亚文化。而肯定的声音也不在少数，《人民日报》的新浪微博官方账号就是支持者之一，其指出，李子柒视频的样本意义，绝不应该被忽视。无论怎样的文化，想要让人理解，必先打动人。北京大学中文系教授张颐武也表示，李子柒的视频，是"生动鲜活的大众文化传播"，这种融入娱乐消费领域的文化传播，对于后亚文化时代的新一代"受众"来说，更具备得天独厚的感召力，"它从感性上会让人形成一种对文化的初步和基本印象，从而更进一步地降低文化折扣，也为更多高雅文化传播打开了空间"①。

无论如何，中国网红作为叙事主体的文化输出绝非"一个人的战斗"，李子柒虽然最早以 UGC（用户生产内容）的方式进入大众视野，但却早已向 PUGC（专业用户生产内容）转型，即包裹在用户生产内容外壳下的专业内容生产模式。早在 2016 年，在李子柒最初作为草根媒体生产的视频达到一定观看规模之后，杭州微念科技有限公司，一个国内的 MCN 将其收入麾下。MCN（Multi-Channel Network），多频道网络，可以视作内容生产者与平台之间的中介桥梁。2007 年，Youtube 的"伙伴计划"通过平台广告分成的方式与内容生产者进行协作，其商业模式成为 MCN 的雏形。MCN 进入中国以后进行了本土化的衍生和发展，目前本土 MCN 已超过 5000 家，像李子柒这样的头部网红，已有 90% 被 MCN 收入麾下。对于 MCN 公司来说，李子柒这样的 IP 的商业价值开发，是其拓展海外市场的关键，而我们也必须承认，李子柒被视为文化输出者的影响力，也与当年 MCN 的专业经营是分不开的。

在 MCN 的运作之下，网红 IP 从"草根"跻身头部序列的升级模式，基本可以分为三个阶段：阶段一，其 UGC 账号潜力被 MCN 挖掘；阶段二，MCN 为其账号量身定制孵化策略，完成向 PGC 的转型

---

① 张颐武. 文化传播需要更多李子柒 [N]. 环球时报，2019-12-09.

升级；阶段三，进入 OGC（职业生产内容）模式，进一步开发商业变现潜能，形成以内容为驱动、以 IP 为核心的周边效应提升，实现产业化的账号能级提升。

在被 MCN 收编之前的李子柒所生产的内容，受到设备、技术水平的限制而带有明显的草根化的粗糙感，在资本的支撑之下，李子柒内容的质量优化、生产效率提升是非常显著的，这也是其成功落地海外的必要条件。以 Youtube 为例，MCN 机构这类能够组织化生产、运营内容的供应方相对更容易成为平台重点赋能的对象，草根用户早已被边缘化了。对于在海外平台毫无知名度的中国内容生产者，其"出海"的第一步，就是迅速提升内容的一次打开率，这样才能实现从 0 到 1 的冷启动，完成"受众"的原始积累。而由于国内外平台的传播环境不同，与专业性强、熟悉海外市场的 MCN 机构合作，是目前国内内容生产者完成冷启动的最有效方式。例如，熟悉海外市场的 MCN 可以帮助内容生产者进行更适应海外平台生态的本土化运作，包括翻译、标注、内容分发等。另外，国内外平台在版权管理、公关策略、变现机制上均存在差异，这种差异单凭个体的力量很难克服。

文化输出的背后是话语权的博弈，优质用户体验带来的粉丝规模和黏度是赢得话语权的保障。李子柒视频中的美食制作，经常从原材料的种植、采摘、加工到最后成为一道菜肴的全过程展示，内容生产成本较高，这成为其不易被模仿的门槛，进一步成为一种与强调速度、效率的工业文明相对立的、"酷"的全球性文化想象符号。李子柒的符号所表征的不仅仅是中国文化，而是一种打破了文化隔阂、引发跨文化共鸣的生活观与价值观，基于这种共鸣，中国的互联网"受众"与海外"受众"可以形成一种想象的共同体、一种新的文化圈层。有 Youtube 海外用户用"迪士尼公主"来形容视频里的李子柒，这是一种西方文化框架下的符号解读，体现了在互联网所建构起来的文化全球化的作用下，一种复合型的文化共识的典型塑造。而一些海外社交媒体用户开始模仿李子柒的烹饪手法，或表现出一种以李子柒为参照的生活态度自省，这意味着，李子柒的内容、文化风格已经在一定程度上成为"后现代风格超市"里的全新的素材和产品，成为一种"不同的品位与时尚"①，中国文化的价值与意识形态也随之渗透到这些消费群体的日常生活之中。这正是后亚文化时代的碎片性与流动性消费特征的体现，也正是我们所需要的中国文化输出的真正意义所在，即不仅存在于"他们的"舞台上，还要进入"他们的"生活中。

对于李子柒这样的视频内容生产者而言，用内容吸引流量，再在内容中注入商业化元素来实现流量变现似乎是一种常规途径，目前国内的短视频平台中，网红在内容中植入广告，或者进行内容原生广告的生产，是一种较为主流的变现模式，也是考量其作为某一垂直领域的"KOL"地位或价值的参考项之一。但长远来看，这种内容与商业混杂的营销模式，可能对消费体验带来负面的影响，对于当今的大多数内容平台来讲，对推荐系统的算法依赖已是常态，而用户反馈是这类平台评价内容并赋予推荐权重的重要依据，也就是说，即使一个用户对一个内容进行了一次打开的动作，但如果后续消费体验（如对于视频内容来说，播放进度和时长，关系到所谓的消费比例、"跳出率"等），系统察觉到以后也可能会降低其相关内容中关于该用户及其同类型用户的推荐权重，尤其是对于将远离商业文明并作为其 IP 核心吸引力的中国传统文化叙事者来说，如果内容中不断出现商业话术，可能会弱化其 IP 价值。

然而，在共同铸就互联网文化出海的"神话"之后，2021 年，由于权益分配纠纷，李子柒与 MCN 公司"微念"解约甚至对簿公堂的新闻引发热议。在这些相关的一系列负面新闻中，我们似乎能够看到这种基于资本运作的文化传播的潜在危机。"微念"利用"李子柒"的名字进行了相关食品品牌的注册，但李子柒本人的控股数量为零。

---

① 李闻思.邪典电影：一种亚文化的历史 [M].北京：中国电影出版社，2020:169.

看起来，李子柒或许并不需要为公司的食品安全问题承担法律责任，若因食品安全问题产生纠纷，进而导致互联网负面情绪影响李子柒的形象，尤其对于以"遗世独立"作为最大吸引力的文化传播者李子柒这一身份而言，陷入官司与商业利益纠纷之中都是尴尬的，围绕其产生的文化价值认同也必将面临系统的修复与重建。因此，以逐利为首要目标的资本与传统文化传播之间，呈现出一种"水可载舟，亦可覆舟"的复杂关系。对于文化而言，资本可能为其传播助力，但文化一旦与商业利益混杂，往往很难独善其身，这是一个两难的问题。

　　李子柒之后，像展示传统榫卯技艺"阿木爷爷（Grandpa Amu）"这样的中国网红，持续以脱离现代与工业化的内容特质输出海外。阿木爷爷在 Youtube 的粉丝数量也突破百万，播放量过 2 亿，同样不可小觑。阿木爷爷与李子柒的"出海成功"逻辑大致相似，可以看作这一阶段中国网红文化输出的一种方向，其农耕文明所烙上的亚文化印记，正是助力其内容成为互联网流通货币的关键。在后亚文化时代，虽然资本在不断收编着亚文化，弱化其的对抗性，使其转向流行与普众，但亚文化特性依然是一种潮流的标志，因为后亚文化时代的消费者们既追逐潮流，又容易一厢情愿地相信其消费选择的独特性、非俗套性、与众不同等特点，这成为其构建身份认知的关键。文化的差异性被识别为亚文化资本，其文化符号被本土市场挪用、拼贴、意义再造，并通过消费满足"受众"对于"异族"的文化想象。例如，美国的嘻哈音乐（Hip-Hop Music，也被译作"说唱音乐"）在中国娱乐产业的本土化改造之下，成为一种代表着"潮、酷"的流行文化消费品。2017 年第一届中国说唱节目《中国有嘻哈》（后几届更名为《中国新说唱》）在中国互联网平台热播之后，曾经"隐藏于"地下的中国嘻哈音乐"圈内人"们一边在哀鸣媒介为其文化本质所带来的扭曲与毁灭，一边在成名的诱惑之下前赴后继地由"地下"走到"地上"，因此涌现了一批活跃于中国主流音乐界的嘻哈艺人。而每一个声称自己热爱嘻哈音乐的乐迷或是 OG（old gangster，指代在嘻哈音乐圈有一定资历的人），不管是迎合或是不屑，都不可避免地被本土化以后的嘻哈音乐市场所裹挟，目睹其呈现出了与发源地截然不同的混沌特质；但是，无论是普通"玩票"的音乐消费者，还是OG，都喜欢用强调嘻哈音乐中的他者化的特质——如"地下的""街头的""愤怒的"等来源于美国黑人文化中的风格，来标榜其亚文化资本。事实上，这些令中国嘻哈乐迷感到兴奋的、"地道的"小众的文化产品，在异国的文化消费语境下很难保有其所谓的东道地的文化原真性——在文化全球化的视域下，在文化消费领域追求"地道"本就是个基于"受众"幻想的伪命题，或是一种用于营销的修辞或话术。在后亚文化时代的"液态"特征之下，没有一种文化能够真正地固守其圈层，或受限于某种特定的文化解读框架之中。

对于海外"受众"而言，通过消费李子柒所代表的视频中自耕自足的诗意符号，实现一种抵抗商业文明、世俗压力的想象性生活方式，这是那些"期望自我区别的人（'Z世代'的群体尤其表现出这种需求）"在消费中所呈现出来的"全球后现代性特征"[①]。这种具备亚文化资本的内容，是以往"只有社会精英阶层才能享受到的、往往有着明显的怀旧意味的空想世界主义方式"[②]。而互联网打破了这种文化消费的阶层区隔，在后亚文化的流动生态之中，它成为人人皆可接近与挪用的资源，也更有可能从一种"反文化"成为一种更为普众化的生活方式。而在这种后亚文化的包容性语境里，中国网红对于中国古老文化的输出更容易去除其异质性与奇观性，创造出一种带有中国文化印记、又具有全球化价值共鸣性的（象征性的）生活方式。

因此，"农耕"也好，"古风"也罢，以李子柒为代表的中国网红所建构起的文化影像就如同嘻哈音乐所传递的美国街头文化一样，并不能够还原一个国家真实的文化全貌，但却能够成为亚文化资本，并

---

① 陶东风，胡疆锋.亚文化读本[M].北京：北京大学出版社，2011：411.

② 陶东风，胡疆锋.亚文化读本[M].北京：北京大学出版社，2011：403.

获得在"他乡市场"流通的权力。同时，李子柒视频打破国家之间地理因素限制的消费价值，实际上也是中国融入全球化之后的结果——与其说李子柒与阿木爷爷的出海成功是基于西方对东方的想象，不如说其是全球化视野下现代人对于"过去"时光的共同缅怀。李子柒视频中对于农耕文明的呈现并不强调其生产技术的落后性，而是绘制了一种"归园田居"式的理想画卷，以及尊重生命、尊重自然、天人合一的精神境界，这是现代社会中的稀缺品，能够被大多数现代社会的人们所理解与向往。因此，可以说，是科技与工业文明、全球化造就了如今的中国消费者与西方消费者共同的精神消费需求，因此李子柒所打造的文化景观既是中国本土的，也是世界的。

以李子柒为代表的传统文化叙事者在海外制造的消费现象，让我们窥见了在互联网时代讲述中国故事的一种可能路径。这种文化输出的背后，是市场逻辑、文化逻辑、传播逻辑的共同协作，互联网及其后亚文化的生态为其带来了得天独厚的生存条件。另外，作为一种"她经济"的代表，李子柒也进一步体现出了与现代价值观吻合的符号内涵，可以说，作为互联网时代的产物，李子柒无法彻底回避现代性的烙印，这也进一步印证了，传统的、本土化（包装下）的文化景观最终也可能成为全球化消费的一部分，被互联网所"亲吻"过的亚文化或传统文化，最终也可能在市场的热浪中被现代审美和个性化解读所裹挟，并拥有其新的生存价值，在跨文化、碎片化、流动化的后亚文化消费过程中，重新形成更为多元而复合的本土文化风格。

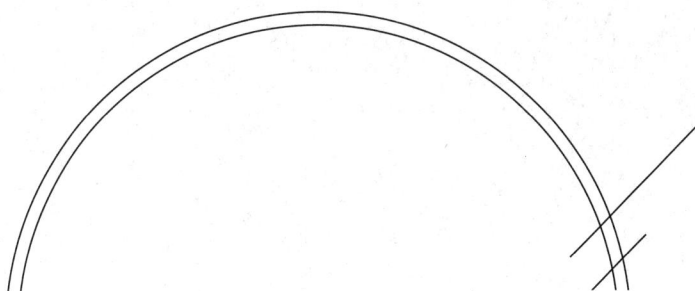

第六章　传统文化的价值与市场化生存

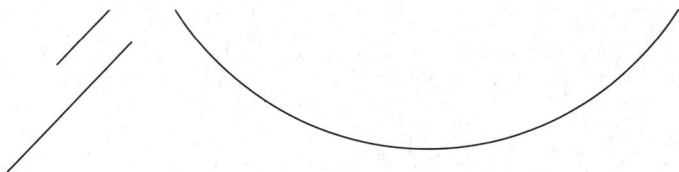

在传统文化的"活化"生存路径的最后一个话题中，我们将探讨其"变现"的能力。关注传统文化在商业价值方面的挖掘能力早已不是一个羞于启齿的话题，在前文中也多有涉及，这是这个时代关于文化生存至关重要的议题。实际上，我们已经习惯于怀揣对其商业价值的期待，来探讨它可以如何在时代的变迁和技术的发展中永远保有旺盛的生命力。在充满想象力和创造力的互联网时代，传统文化的市场价值创造手段丰富多样，无法在有限的篇幅囊括殆尽，但"内容付费"一定是其在互联网时代的一个极具代表性的、最为简单粗暴的变现手法——以最为明码标价的方式衡量传统文化相关内容的传播价值，这是一种以"受众"作为"大众评委"的文化价值的最为直观的评价体系之一。另外，我们还将探讨汉服在青年人主导的市场中的消费价值——作为可穿戴的传统文化，汉服文化在当代的生存与发展离不开互联网语境，以及在后亚文化生态下成长起来的"另一种人"的文化。作为传统文化从小众圈层突围，"飞入寻常百姓家"的一个代表，汉服相关品牌的发展策略以及其文化消费者，对于传统文化的现代化生存而言，都是具有现实参考意义的分析对象。保守与流行、传统与创新之间的矛盾与共生伴随着汉服文化的"破圈"式发展而显得格外有趣，可以为我们思考传统文化与消费文化的冲突与融合、展开关于传统文化在互联网时代的价值与市场化生存的探讨提供参考。

第一节　内容付费：明码标价的文化价值

流量红利下，泛知识／内容付费市场规模逐年攀升，而此市场呈现出来的巨大潜力使得资本表现格外活跃。据调查显示，仅2021年1月至10月，中国泛知识付费行业投融资总规模就达到89.8亿元，中国泛知识付费行业市场规模一直维持在 40% 以上的增幅，市场潜力巨大①。

从"人人都是传播者"到"人人皆可为人师"，泛知识/内容付费的兴起是互联网技术支撑下，中国现阶段社会文化飞速发展、人均受教育程度提升、互联网接入规模扩大、精神消费需求进一步升级等多种因素综合作用的结果。泛知识，可以被视为对有价值的信息的概括性称谓。对互联网用户而言，尤其是对互联网构建起的新部族而言，信息的价值衡量标准是充满不确定性、极具个性化判断维度的，这些游离的、即兴的、碎片化的文化消费个体，对信息的价值判断以及随之而来的消费需求成为圈层分众的缘由——普通网民可以为了显示自己对于高深科学的关注度，而兴致勃勃地加入某个关于量子力学的线上付费科普群，也可以是为了了解碳酸饮料的一百种喝法，或者是关于某品牌智能手机的隐藏功能，或是恋爱技巧、心理咨询、星座运势……总而言之，后亚文化时代的部族聚集轻松随意而充满流动性，消费动机千奇百怪，信息技术使得各种小众的消费需求几乎都能够在浩瀚的互联网商品市场得到满足（在合法的前提下），也使得每个人盈余的"无用"技巧或掌握的冷门信息、知识有机会成为他人眼中具有价值的消费品，同时再小众的个体经验或知识储备，都可能在"大众评委"千奇百怪的需求之下，具备了明码标价进行出售的条件。

乘着这样的东风，传统文化也进入了互联网的知识付费的赛道。早在 2016 年，艾媒咨询就已对国内的"互联网 + 传统文化"消费做出了用户规模近 2 亿的乐观的预判。中国传统文化在我国精神消费领域的优势我们前文已有所提及，再加上中国庞大的互联网用户基数，这些都让传统文化在在线付费领域的资本和前景相当可观。如今，在各个线上平台的知识付费领域，都能见到各种内容形式的传统文化声

---

① 巨量算数.中国泛知识付费行业报告 [R/OL]. [2021-12-07]. https://www.djyanbao. com/preview/2941326?from=search_list.

和影，这种将传统文化内容直接变现的模式，对于其网络化生存而言，无疑是相关的内容生产与传播最直接的驱动力。

借用闫泽华（2018）在《内容算法》中对目前网络用户线上付费意图的分析，中国传统文化的内容付费驱动力也大致可以分为两个类别：一类是功利性诉求，一种是非功利性诉求。[①]功利性诉求是基于用户自身对于某种问题的解决诉求而产生的内容付费意愿，如考研培训、公务员考试培训等，目的性较强。例如，在中国传统文化的付费领域中，"中医"相关内容的付费诉求度较高，因为中医相关的付费内容的题目或相关标签中容易与"养生"这类字样相关联，是以满足消费者健康需求的一种营销方式，更接近于一种功利性的付费驱动。另外，一些针对少年儿童设计的中国传统文化内容，可满足家长的课后辅导、教育需求。功利性的诉求是家长的付费驱动力的一部分，这也是为何在喜马拉雅平台国学的付费内容中，针对学龄儿童的占比较高（基于对于近视的忧虑，只听不看的线上平台本来就较受家长欢迎）。另外，一部分营销者将功利性的需求满足作为付费内容的外包装——就在著者打开电脑后弹出的广告中，就赫然写着"易经——学习古人处事智慧，启迪智慧，解当下之困，做正确选择，让你少走弯路"等有着和如今"成功学"的内容异曲同工之妙的营销话术。

而非功利性诉求，在对于传统文化的内容付费驱动中也很重要。加深自己对于某个传统文化领域的认知和了解、充实自己的文化内涵、提升自己的文化素养，或者单纯的文化熏陶等，这种没有具体目标，更为抽象而随意的"非刚需性"诉求也并非少数派，其付费意愿的驱动性主要基于自我价值满足或是自我形象的展示之上。付费是一种带有门槛的内容消费行为，围绕优质传统文化的非刚需性付费，是一种建立在文化精英身份自我认知上的圈层划分方式。但同时，喜马拉雅、

---

① 闫泽华. 内容算法：把内容变成价值的效率系统 [M]. 北京：中信出版社，2018：237.

抖音等平台的开放性与内容在线价格的相对平民化（喜马拉雅平台的国学内容付费一般为几十元，最高也基本控制在三位数以内）也决定了，这种关于"文化精英身份"的认知很多时候不过是一种大众化消费的外包装之下的"错觉"。互联网视域下的后亚文化本身就是擅长于消解阶层理性的叛逆联盟，而传统文化的内容生产者，显然更热衷于通过文化或内容的消费将大家调和成滕尼斯所定义的"基于共同或者相似的价值观和文化心理定式而形成的社会群体，是一种特定文化观念和精神追求反映在组织层面上的有机统一体"①。因此，我们可以看到，传统文化的付费内容，大多数都以化繁为简、深入浅出、通俗易懂的方式进行内容生产，这实际上就是为了尽可能地囊括更多的消费群体，扩大内容变现规模。因此，"精英化"的认知很大程度上可以视作一种内容生产者希望消费者拥有的体验，用以驱动消费者为内容进行买单（甚至是盲目地买单），以在内容变现上获得理想的效果。互联网后亚文化的液态性与资本的介入，都必定让任何文化在产品化的过程中趋于流行与普众——这也是传统文化在付费领域进行内容生产的一种基本逻辑。因此在内容付费时代，传统文化的生产初衷就是为了打破文化圈层区隔，尽可能实现最大规模的"受众"覆盖。

　　无论是功利性还是非功利性的传统文化内容付费，其中一个关键的因素都在于这个内容是由谁来讲。当传统文化内容成为商品，帮助其迅速拓展市场的关键就在于包装，而名人的光环对于"产品"包装而言就尤为关键。即便是试图进入内容市场变为"开架商品"的传统文化，很多时候对于普通消费者而言依然是很难做到零门槛——至少在琳琅满目的内容消费市场，判断哪种传统文化相关内容值得付费，也不是一件轻松的事情。以国学为例，普通消费者即使希望通过国学内容的消费获得精神收获，也极有可能是建立在对相关领域零基础或

---

① 傅才武.论建设21世纪中华民族文化共同体[J].华中师范大学学报（人文社会科学版），2016（5）：66.

低基础的前提下，其对于该从何入手进行内容消费感到茫然，这个时候相关领域的知识权威就能发挥"灯塔"效应，促使消费者锁定消费目标，做出消费选择。在喜马拉雅的应用程序上搜索"国学"内容，曾仕强、南怀瑾等的名字就成为内容包装中的显著吸引力要素，其中曾仕强的付费内容播放量达到 2.2 亿次之多——因此，对于这一类带有一定文化门槛的传统文化消费品而言，其更适合于以"精品店"的模式进行包装精美、以体现文化格调的方式出售，这样更能展现出其差异化的竞争优势。

　　这种以名人为导向的消费趋势，带有粉丝消费的类似驱动力。人们与其说是依靠收听曾仕强讲国学获得实际的知识储备，不如说是在其名人光环之下以内容消费的方式缓解求知焦虑，收获心灵慰藉，这可以看作是当今泛知识 / 内容付费盛行不衰的原因。也就是说，人们实际上很难通过这样碎片化的在线内容消费形成真正的、系统化的知识沉淀，但人们依旧乐此不疲，因为后亚文化时代的互联网世界本就习惯于依赖短暂而表浅的消费获取自我身份认知，以及与群体间的连接的生态环境。在这种消费中，商品的符号价值显得尤为重要。名人光环所带来的符号的价值认同催生出了消费认同，这是付费意愿生成的根基。

　　喜马拉雅在 2021 年 4 月份完成了 9 亿美元的 Pre-IPO 融资，这进一步说明"耳朵经济"在中国互联网的强势崛起。音频类本身就是泛知识学习最早出现的内容载体，而适合于音频类内容消费的场景一般以上下班通勤、乘坐交通工具、睡前、家务劳作等居多，这时消费者更倾向于碎片化、通俗化的内容，并且期待从这样的内容中有收获感。因此，哪怕是《易经》《道德经》及儒家思想这类比较艰深的内容，也需要深入而浅出地融入现代社会的日常关注领域，如将分章题目设置为"一个人讲话很肯定、很绝对最后会怎样""为什么茶要冲着喝"等。

可以看出，人们对上述内容的付费驱动，是一种介于功利与非功利之间的心理诉求，一方面，人们试图寻求名人的人生指导，渴望从大师处"购买"智慧，人们意图在面对生活与社会压力时选择一种捷径。而这种智慧源于中国最为悠久而精深的传统文化典籍，便是其感召力的来源。另一方面，人们基于抽象的精神需求而选择消费这样的内容，在消费过程中进一步确定一种文化共同体的身份，对于中华文化的认同感与归属感的提升可以在一定程度上消解现代人的身份焦虑感。老子、孔子等中国古老文化中的精神导师在这种消费中，成为指导现代社会实践的智慧象征与价值轴心，这时古今文化实现了融会贯通、历时性与共时性并存的价值传承。

与免费内容相比，付费内容能够实现对于核心消费群体的甄别，愿意付费购买内容的人群，对于内容的认可度、忠诚度都更高，这对于培养对传统文化的深度认同与认知而言是具备一定优势的。目前的泛知识付费领域中，除音频类内容以外，短视频、直播是优势最为明显的消费跑道。一直以来，短视频、直播等内容消费都呈现出泛娱乐化的特征，传统文化的内容生产者，如果想要摆脱泛娱乐化的内容消费习惯对于文化价值的负面影响，就需要找准目标消费群体，进行精准化的传播，而付费就是一种最为直接的鉴别内容与消费者精准适配度的方式。对于传统文化的传播而言，内容的一次打开率固然重要，但内容的消费完成率（如视频内容的完播率，指完整消费了内容）、消费的黏性或是消费的持续性，才是构建完整文化认知体系、真正实现文化传承的关键，尤其是对后亚文化时代中永远处于"候机室"里随时准备奔赴下一个消费兴趣点的新部族群体而言，付费确实会提升内容消费者对内容的离开成本，也是其内容忠诚度的保障之一。

当然，无论付费与否，消费者最终都只会为优质的内容买单，因此，在传统文化内容付费领域，专业的内容生产团队与草根生产者相比，依然占据显著的优势。根据调查显示，知识付费领域在稳定发展的现阶段逐渐呈现出二八分布的马太效应趋势，头部创作者占据80%以上的流量池，优质的、团队化、精品化的内容生产是驱动消费的主要力量。除内容的精耕细作以外，IP化的产品打造思路，或者跨圈层的IP合作，也是提升消费动力的内容包装手段。因此，传统文化的付费化内容生产思路，也应该建立在围绕内容核心价值的IP建构上，除利用名人本身就已经具备的IP辨识度与号召力以外，围绕传统文化手艺人进行IP孵化也是常见的做法。这种从UGC到PGC的孵化是制造网红的典型路径，与我们前文探讨的李子柒或是阿木爷爷一样，目前盛行的一类传统文化的IP孵化主体往往是来自农村地区，明显区别于工业与科技文明的、带有乡土气息的匠人们，这些以往被视作"土得掉渣"的群体，如今充满了商业价值，这也是后亚文化时代的独特气候——圈层的交融与流动已成为常态，边缘与流行、"土味"与先锋之间的边界日渐模糊，人们可以在国学大师的内容生产中寻找到精神慰藉，也可以在质朴的乡土手艺人视频中找到一种复古乡愁的情感皈依。相比于二元对立、界限分明的青年亚文化，后亚文化致力于打破区隔，将一切元素都置入符号消费的狂欢之中，并在这种元素糅杂、个性多元的消费过程之中，构建起既和谐又冲突、既复古又新潮、既高雅又草根的后亚文化独特景观。

第二节　汉服：进入大众衣橱的传统文化与新兴品牌

文化效应与经济效应的统一，是我们在探讨中国传统文化的现代化发展时所强调的一种发展思路。探讨中国传统文化的市场化生存之路时，产生了一个共识：越是能融入百姓的日常生活场景，越是有机会促进文化价值的"活化"；对于其传播而言起到关键性的作用、融于日常生活场景中的文化消费方式，对于构建起文化传承中两种效应的和谐统一是有所帮助的。

近年来，汉服消费催生出了火爆的"汉服经济"。汉服，是对汉族传统服饰的统称，也被视作反映儒家礼典服制的文化总和，又被称作汉壮、华服、汉衣冠等，汉服的历史最早可追溯到黄帝即位的上古时期，一直到 17 世纪中叶的明末清初，几乎跨越了汉族传统文化的整个发展历程，是"华夏—汉"文化工艺、美学、礼仪、思想的服饰化呈现。在后亚文化兴起的互联网时代，汉服已经从小众趣缘圈层的风格实践，发展到如今的电商热门消费品。汉服的消费热潮充分体现出了传统文化对现代生活的深度渗透，以及传统文化在当代的文化附加值的强势凸显，这俨然为当前时代背景下的传统文化市场化生存提供了重要参照路径。

根据艾媒的统计数据，从 2014 年到 2021 年，中国汉服市场的电商销售规模（含预测）从 1.9 亿飙升至过百亿，并仍有上升空间。[①]从汉服消费的相关调查报告，我们可以总结出如今传统文化市场化发展的一些规律或特征。

第一，现代审美的有机融入与文化原真性的留存。在"2021 年中国汉服消费者对汉服形制设计看法"的调查项中，超过半数（53.4%）的消费者认为"保留基本的形制就可以"[②]，不用完全复制传统形制。现代审美的有机融入，是传统文化转化为现代化消费品的重要因素，因此在此类的产品设计中，需要在传统文化"原生态"魅力与现代化审美或消费取向之间取得平衡，一方面寻求突破创新与差异化的产品竞争优势，一方面保留传统文化的基本特征与美学底蕴。对汉服文化的认同感是其消费的主要驱动力，对于新部族而言，需要通过消费彰

[①] 艾媒咨询. 2021 年中国汉服产业现状及消费行为数据研究报告 [R/OL]. [2021-10]. https://www.iimedia.cn/c1061/81620.html.

[②] 艾媒咨询. 2021 年中国汉服产业现状及消费行为数据研究报告 [R/OL]. [2021-07-16]. https://www.iimedia.cn/c1061/81620.html.

显一种精神共同体的身份，其所选择的消费对象是确立其在文化圈层中地位的重要依据。对于依据传统文化生成的"流行"而言，其文化属性是其消费热潮兴起的根基，因此，汉服商品中的文化属性会被消费者审慎地对待，其设计或审美的创新也必须建立在对其文化基本形制的正确认知基础上，而不能为了创新而盲目颠覆其传统文化审美，毕竟在"2021年中国大众对汉服了解程度分布"的调查项中，42.5%的"受众"对汉服具备大概认知，能辨别出汉服的形制。

不仅如此，汉服文化的爱好者们还因为对其形制的研究而在网络上生成了不同派别，如就其"左衽"还是"右衽"的问题在互联网上掀起"论战"；分属不同朝代、不同形制的汉服也导致了汉服圈层的内部划分，而审美差异也引发圈层再度分化。因此，对于不少"圈外人"而言，汉服消费似乎是一种具备代际差异、以年轻消费者居多的、"奇装异服"式的亚文化消费，但无论是出于我们对于后亚文化的生态认知，或是电商给出的销售数据，我们都可以看到这种文化狂欢最终被流行收编，形成突破圈层的影响力，与大众文化交织相依的可能性。

因此，现代有机审美的融入对于传统文化的市场化生存而言是至关重要的，人们需要购买的是能够融入日常的商品，而非仅供参观的艺术品。目前，一些汉服品牌的主理人也在极力推动汉服与日常穿着的深度结合，如汉服品牌"织造司"的主理人林威主推汉服单品马面裙，而马面裙因其最具备被作为日常服饰的特征，从而可达到汉服日常化、百搭化，所以其成为大众消费品，这也是汉服文化在互联网时代能够持续发展和传承的关键。但要记住的是，文化内涵与价值传承始终是第一位的，文化的原真性永远是商品设计中应该谨慎对待的要素。汉服文化的兴起的根基在于近年来国人对中国传统文化的热爱升级，中国文化的向心力是消费者对相关商品产生价值认同的基础，是其圈层文化构建的核心。

第二，IP 联名的跨圈层合作。作为后亚文化时代的主力消费军，"Z 世代"是互联网时代传统文化探索市场化发展道路时所需重点关注的人群。借助已经成熟的 IP 影响力，完成跨圈层的产品营销，是目前传统文化消费突破圈层局限的有效路径。2021 年汉服品牌线上发展排行榜第一的汉尚华莲，淘宝天猫粉丝量超过 600 万，其就是通过不断与年轻人偏好的 IP 进行联名合作推出产品，从而完成跨圈层的流量规模拓展。2019 年，该品牌联名了热播剧《知否知否应是绿肥红瘦》（后简称《知否》）完成了联名款主题汉服的推广；2020 年，其与国漫《非人哉》进行了联名创作，再次为品牌营销造势。彼此借力，流量共享，实现双赢，这是当前商品经济中"联名"成为常见套路的原因。从汉尚华莲的联名策略来看，联名合作 IP 的选择，需要与自身的文化调性保持一致，才能实现 1+1 大于 2 的效果，如对于古装偶像剧《知否》的选择，以及围绕中国古代神话人物改编的国漫《非人哉》，都是带有传统文化属性的内容消费品，其消费者的圈层融合本身就具有先天优势，联名合作便成为一种粉丝经济视域下的经典商业"套路"，可以更为多样化的消费体验为载体扩大文化的"受众"规模：与《知否》的合作之后，汉尚华莲的联名定制汉服一个月销售额就达百万；另一汉服品牌花朝记与古装连续剧《长安十二时辰》联名推出的大袖襦裙，几个月销量暴涨 12 倍；在古装电视剧《大明风华》播出期间，明制汉服成交数量同比上涨超过 800%，可见，与占据流量优势的影视剧的 IP 联盟，也成为汉服突破小众文化圈层的有效手段。

第三，社交媒体矩阵的持续引流。"种草姬"是网络亚文化的流行词，也可叫作"种草机"，一般指在"Lolita fashion""JK 制服"和汉服三种服饰的爱好者中，能够通过在社交媒体上分享自己穿着上述服饰的照片，扩大服饰及其相关品牌影响力的一类人。对于后亚文化的"娱乐青年"而言，支撑其文化风格建构的表意实践，大多通过消费来完成，社交媒体的分享使得对物的消费转化为对符号意义的消费，"种草姬"将汉服的符号意义作为自我身份标识的工具，帮助其成为该文化圈层的具有影响力者，以及汉服文化相关内容的协同生产者、传播者。很多时候，汉服品牌会与这种在圈层中具备一定流量号召力的影响力者合作，还会建立起社交媒体矩阵，以实现持续的引流。例如，汉尚华莲就在抖音、快手、小红书、B 站等各大社交媒体平台开设品牌账号，其中除关于品牌推广的相关内容以外，一些关于汉服知识科普、汉服摄影教学的内容也被作为引流的关键。根据艾媒数据显示, 58.45%的人通过社交媒体接触或了解汉服文化。①总而言之，对于汉服而言，内容是品牌营销的关键，文化内涵的注入是优质内容吸引力的核心。因此，以内容传播汉服文化，再以文化共同体的号召力吸引流量，提升内容转化率，实现文化传播与商业价值的双赢，这是目前汉服文化的市场化路径，也是值得其他中国传统文化参照的一种生存之道。

　　总而言之，虽然仅在淘宝上就拥有了消费额过千万、产值过十亿的骄人战绩，以汉服品牌为主要载体的汉服文化的发展与传承依然是任重而道远的。由于市场监管的缺漏，版权问题一直是一个市场痛点，尤其是对于电商平台而言，建立健全品牌设计的版权保护机制，优化汉服品牌的生存环境，才能为其可持续性的生存与发展创造条件。对于目前仍具有较大市场潜力的汉服产业而言，想要借汉服热的东风赚取红利的汉服生产者，或者试图借助汉服获取关注的网络参与者都不在少数，这使得粗制滥造的汉服产品、低俗娱乐化的汉服相关内容混淆其中，极有可能使汉服文化沦为"快消品"，误导大众对汉服文化的认知与理解。

　　"让所有中国人的衣柜里都有一件汉服"，是对汉服文化融入中

---

① 艾媒咨询．2021 年中国汉服产业现状及消费行为数据研究报告 [R/OL]．[2021-07-16]．https://www.iimedia.cn/c1061/81620.html.

国人日常生活的一种希冀，也是传统文化完成现代化转型与获得新的生存价值的一种路径，但在这种过程中如何建立健全其产业规范，如何在众声喧哗的热闹之中为其文化价值的留存与传承开辟道路，这是需要思考的问题。但无论如何，从汉服热潮的兴起，的确让我们看到了中国传统文化的感召力与吸引力的显著提升，以及其实现市场化生存价值的诸多可能性。对于后亚文化的群体而言，在文化全球化背景之下，本土文化是建构可识别的个体身份、文化风格的重要支撑，而其对于传统文化品类的消费热情与国家文化自信的大政方针一拍即合，同时文化身份被主流价值观认同一直是亚文化群体试图争取的（作为一种标榜特立独行的群体，新部族或许会拒绝来自主流的"凝视"，但绝对不会愿意被"忽视"），而像汉服这种传统文化消费品则是亚文化群体实现身份"合法化"的最佳选择，也是其突破圈层、融入"主流"的驱动力之一。总之，像汉服这样，从民间、资本、政府等各个层面，都有理由支持其市场化发展的中国传统文化不在少数。在这个文化的"破圈""出圈"已成常态的后亚文化时代，这些仅仅是华夏上下五千年的璀璨文化积淀中的沧海一粟，我们的文化中还有无数有待开发、值得开发的瑰宝，可以汇聚成为实现文化价值与经济价值双赢的蓝海。

案例分析（八）：穿什么与想什么—— 与100位汉服爱好者的对话

这两年，在著者所在的城市的街头，越来越多地看到了身着汉服的人群，有的是在拍照（甚至动用了看上去非常专业的摄像设备），而有的只是在进行着购物、等地铁、吃饭聚餐等日常活动，这让著者越发感受到作为一种"圈外人"的好奇：他们身上的汉服只是基于日常的服饰审美选项（就如同我们出门前随意搭配的牛仔裤一样）还是有意为之的文化风格实践？是否存在特定圈层以及圈层内部的"风格指南"？圈层内部如何看待自身以及圈外的人？出于好奇心，也为了避免对于汉服文化的消费群体不止于二手资料的纸上谈兵，我们找来了100位汉服爱好者（年龄从18岁到30岁不等，男女比例约为3：7，都有不定期购买并日常穿着汉服的习惯）进行对话，探讨他们的"所穿"与"所想"，试图从一种"圈内人"的视角去解析一种具有代表性的传统文化在这个时代的生存方式。

1.圈子——捍卫者与否定者

在对话中，我们发现了一个很有意思的现象，对于汉服文化"圈子"的提法，在汉服的消费群体里产生了很大的态度分裂。有相当一部分人对于"圈子"或"文化圈层"的说法产生了几乎是应激式的对抗情绪——"画圈其实是一种短视行为，"汉服爱好者小王（20岁）有些激动地表示，"我认识的汉服爱好者都不觉得应该有圈，其实没什么圈子，大家就是穿不同类型的服饰而已。""哈哈，我一直很想说，其实我认为真的不存在所谓的圈内圈外，我们只是汉服爱好者，不是汉服圈内人。你们也只是不穿汉服，而不是汉服圈外人。大家喜欢就喜欢，不喜欢就不喜欢，纯粹一点，不要扯上圈子的概念。"（小姚，21岁）

这种论调与我们对于后亚文化人群的认知如出一辙——对于某个群体的忠诚度在后亚文化的"风格超市"里变得不值一提，人们只是游移在不同的消费选项中图个"乐子"，"圈子"的强调和划分似乎赋予了这种消费实践过多的"意义"，而后亚文化的娱乐青年们似乎厌倦探讨这些意义背后想要实现的东西，就如对父辈文化、社会规则或主流价值的不屑一顾等——他们似乎并不想通过消费一种文化去证明什么，这仅仅是一种自恋式的风格游戏罢了。因此，他们既不想因为"圈子"成为他者，也不想主动树立起"圈外"的他者，更希望追求和而不同的氛围。

部分汉服爱好者甚至可以彰显自己作为一个游移的、碎片化的文化消费者的身份——小婕（25岁）强调自己并非汉服文化爱好者，而只是喜欢"汉元素"；小宁（27岁）强调自己只是喜欢汉服中的配饰，"我从来不参加任何汉服的活动，也不爱在网上看那些内容，但大数据老给我推这些"；小悦（22岁）自称是一位"四坑"少女，即同时在汉服、Lolita、JK、Cosplay几种亚文化服饰消费中"反复横跳"的人，他们拒绝与某种特定的风格或圈层进行捆绑。

但与此同时，"圈子"也是一部分汉服文化爱好者所捍卫的东西。31岁的上班族小周对于"圈子"的归属感与活跃度看得很重："我经常参加圈内举办的线下交流活动。虽然这两年疫情让线下机会减少了很多，但我依然会保持在网络论坛发言的活跃度。"这些人用"同袍"来形容"圈子"内部的人："我会约着三五同袍一起逛街，并为每一个愿意询问的路人介绍汉服。此外也会参与一些汉服讲座、汉服游园等活动，向公众介绍汉服文化。"（小陈，24岁）

认同"圈子"的人似乎也表现出对"内部规范"的重视和强调，在这一类人眼中，汉服的符号意义是不容扭曲和亵渎的，其符号建立在对于汉服形制的严格认知上。例如，小许（20岁）一边表示对于"圈子"的不屑一顾，一边将"圈外人"定义为"穿汉服配上运动鞋或者戴眼镜之类的"，虽然对这种"混搭"表示认同，但他依然把其视作一种"外行"行为。小何（21岁）语气激烈地表示："如果要入坑，希望多做点功课，汉服形制也有很多种，不要不会就到处叫唤，科普也不听，也希望不要知山（山寨，指仿品或假货）买山，这是原则问题。"

这些对于文化风格的忠诚表达，似乎让我们可以追溯到诸如摩登族、无赖青年等早期的青年亚文化时期，当时服饰就是这类青年文化的重要载体，这向我们指出了一种可能：对于后亚文化中的部分青年亚文化，问题解决的功能依然是其文化形成的核心。如同伯明翰学派托尼·杰弗逊所说的那样："服装代表着一种象征方法，用来表达和展示社会现实，赋予社会困境以文化意义。"[1]在当今的社会现实之

---

① 陶东风，胡疆锋.亚文化读本[M].北京：北京大学出版社，2011：140.

下，青年人虽然有着丰富的思想或意见表达渠道，也享受着后喻文明所带来的数字原住民的身份优势，但是属于年轻一代的自我认知以及自我价值认同方面的困惑、迷茫以及与现实社会的冲突感依然未能得到完全的消解——这成为普遍存在的有待解决的问题，因此在消费汉服的年轻人口中，"文化复兴""弘扬民族文化"等成为其消费理由中的高频词汇，这些被社会广为认同的正面价值可以支撑问题的解决——"服装的文化象征意义可解释为社会现实和社会抱负的表达"[①]。又或者更为简单地说，汉服给予了部分年轻人可以掌控自我的自我授权感——"这是一种穿衣自由"，小邹（21岁）指出了这种自由所带来的情感满足，"我穿汉服出门，路人不理解，我表面上很生气／尴尬／痛心，其实内心有着狂喜不已、优越感爆棚的微妙心态"。这正恰如亚文化人群被指出的一种典型心理：渴望与众不同，但被关注、被看到依然是重要的文化驱动力。

2.圈子内部的阶级与分裂

从交流中我们得知，很多人对于汉服"圈子"的叛逃，来源于其内部压力——按照形制规范、购买渠道、价格、所属朝代等，汉服"圈子"甚至形成了鄙视链："考据党看不起秀衣党，复原党看不起仙服党，穿明制汉服的看不起穿曲裾[②]的，定制的看不起在淘宝淘货……"（小王，28岁）

鄙视链的逻辑背后是文化资本（如形制所对应的历史文化知识储备能力）、经济资本（定制汉服的价格一般较高）的较量，这无异于

---

① 　陶东风，胡疆锋.亚文化读本 [M].北京：北京大学出版社，2011：140.

② 　考据党：指在汉服消费时，喜欢查找资料，寻找、考据其历史、文化，对其消费背后的文化传统较为严谨的一类人。秀衣党：多指单纯拿汉服来拍好看的照片，不对汉服文化进一步了解的人，这类群体更侧重于汉服的审美性，对汉服的消费基于"古风"想象。仙服党：追求"仙气飘飘"的服饰外形，并不追求严格符合汉服的形制，因此部分汉服文化的"考据党"声称要将"仙服党"踢出汉服文化圈。曲裾：是深衣的一种，古时将上衣下裳连成一体，合成一件衣服，称为"深衣"。由深衣的前襟接出一段，穿时绕至背后的部分，即称为"曲裾"。

将现实社会的阶层结构搬迁到了亚文化圈层中——逃离现实困境原本就是青年亚文化的核心驱动力与吸引力，即使存在关于"内行"的使用手则，也必须强调"不过度使用"①。因此，如果形成等级森严、规则明确、对"内行"身份过度强调的文化氛围，势必会导致"脱圈"行径的产生——小熊（21 岁）用"魔怔"来形容这种"过度"的文化氛围，他说这会让他想要远离。

显然，这种对现实社会的等级、资本、规则的复制，制造了新的有待解决的问题，在关于"问题解决"的规模化互动中，新的文化群体从原始汉服群体中分化开来——"野袍子"成为这种文化分支的代表之一——"野袍子"沿用了"袍子"的内部用语，但用"野"这一属性来强调自己不受文化"圈子"规则的束缚，是一种自由的、不加入固定汉服社团、独立活动，或者游移在不同活动之间的"同袍"身份。同时，与强调"形制正统"的"保守派"相比，"维新派"主张"形制"的发展与创新——"为什么不呢？汉服本身就是根据时代发展在变化的一种服饰，到了今天，创新一点的设计就要被视为山寨？我很烦那些较真的人！"（小刘，29 岁）；小文（22 岁）认为"保守派""一味尊古"才是阻碍汉服流行起来的最大障碍，但她也认为"不能把形制变化发展出的汉服放在之前汉服所涵盖的分类里，要有新的名字，新的时代概括"。

总而言之，我们可以看出，以汉服为代表的传统文化，在融入现代语境的过程中产生了分裂，而文化的变化和发展正是在这种分裂中生成的。最重要的是，这些分裂意见并没有停止人们的消费行为——人们只是分化出了多元的消费态度，如形制刻板的或是形制创新的；穿着考究的或是即兴发挥、自由组合的；昂贵的或是平价的。而互联网似乎为每一种消费需求都提供了购买的渠道，这对于文化来说是有积极意义的——虽然这种意义创造被史蒂文·迈尔斯称为青年文化与

---

① 陶东风，胡疆锋.亚文化读本 [M].北京：北京大学出版社，2011：359.

商品市场之间的"相互剥削"①，是一种自由度有限的意义再造，与商业利益息息相关，但正是这些差异化的消费行为生产出了更为丰富的意义，为文化创造了更为多样的生存途径。

---

① 陶东风，胡疆锋.亚文化读本 [M].北京：北京大学出版社，2011：350.

参 考 文 献

[1]　费斯克.理解大众文化[M].王晓珏，宋伟杰，译.北京：中央编译出版社，2001.

[2]　莫斯可.数字化崇拜：迷思、权力和赛博空间[M].黄典林，译.北京：北京大学出版社，2010.

[3]　曾一果.恶搞：反叛与颠覆[M].苏州：苏州大学出版社，2012.

[4]　舍基.认知盈余：自由时间的力量[M].胡泳，哈丽丝，译.北京：北京联合出版公司，2018.

[5]　斯丹迪奇.社交媒体简史：从莎草纸到互联网[M].林华，译.北京：中信出版集团，2019.

[6]　闫泽华.内容算法：把内容变成价值的效率系统[M].北京：中信出版社，2018.

[7]　舍费尔.热点：引爆内容营销的6个密码[M].曲秋晨，译.北京：中国人民大学出版社，2017.

[8]　陶东风，胡疆锋.亚文化读本[M].北京：北京大学出版社，2011.

[9]　赫伯迪格.亚文化：风格的意义[M].陆道夫，胡疆锋，译.北京：北京大学出版社，2009.

[10]　李闻思.邪典电影：一种亚文化的历史[M].北京：中国电影出版社，2020.

[11]　米德.文化与承诺：一项有关代沟问题的研究[M].周晓虹，周怡，译.石家庄：河北人民出版社，1987.

[12]　葛兰西.实践哲学[M].徐崇温，译.上海：上海人民出版社，2006.

[13] 黄卓越.英国文化研究 [M].上海：生活·读书·新知三联书店，2011.

[14] 孙熙国，刘志国.全球化与中国传统文化的现代转换 [M].济南：山东大学出版社，2009.

[15] 詹金斯.融合文化：新媒体和旧媒体的冲突地带 [M].杜永明，译.北京：商务印书馆，2012.

[16] 汤林森.文化帝国主义 [M].冯建三，译.上海：上海人民出版社，1999.

[17] 曾一果.新媒体与青年亚文化的转向 [J].浙江传媒学院学报，2016（4）：2-8.

[18] 傅才武.论建设 21 世纪中华民族文化共同体 [J].华中师范大学学报（人文社会科学版），2016（5）:63-74.

[19] 罗凌波，唐治国.中国共产党政治动员模式的历史考察 [J].党政干部学刊，2010（10）：25-27.

[20] 李胜利，李子佳.论主旋律电视剧的网络接受困境及其应对策略 [J].现代传播，2020（12）：80-85.

[21] 闫翠娟.从"亚文化"到"后亚文化"：青年亚文化研究范式的嬗变与转换 [J].云南社会科学，2019（4）：178-184.

[22] 胡疆锋，陆道夫.抵抗·风格·收编——英国伯明翰学派亚文化理论关键词解读 [J].南京社会科学，2006（4）：87-92.

[23] 孟登迎.亚文化概念形成史浅析 [J].外国文学，2008（6）：93-102.

[24] 王宁.情感消费与情感产业——消费社会学研究系列之一 [J].中山大学学报（社会科学版），2000（6）：109-113.

[25] 章洁，方建移.研究回顾：作为传媒现象的准社会交往 [J].新闻界，2009（2）：19-21.

[26] 晏青，侯涵博.作为症候的粉丝文化：社会融入的价值逻辑与可能路径 [J].福建师范大学学报，2021（3）：105-172.

[27] 中国互联网络信息中心.第 46 次中国互联网发展状况统计报告 [R].北京：中华人民共和国国家互联网信息办公室，2020.

[28] 今日头条算数中心.中国文化综艺白皮书 [R].北京：今日头条算数中心，2017.

[29] 腾讯社会研究中心.在数字生活中拥抱传统——2019 数字新青年研究报告 [R].北京：腾讯峰会，2019.

[30] 中国互联网络信息中心.第 48 次中国互联网络发展状况统计报告 [R].北京：中华人民共和国国家互联网信息办公室，2021.

[31] 崔国华.体验营销概念及其策略研究 [D].武汉：武汉大学，2004.

[32] 欧阳正宇.非物质文化遗产旅游开发研究 [D].兰州：兰州大学，2013.

[33] 张颐武. 文化传播需要更多李子柒 [N]. 环球时报，2019-12-09.

[34] 燃财经.B 站《后浪》刷屏，为何转发的都是"前浪"？ [EB/OL].[2020-09-14].https://baijiahao.baidu.com/s?id=1665814220684623580&wfr=spider &for=pc.

[35] 草莓君.微信公众号图文分析：如何查看你想要的运营数据 [EB/OL].[2016-03-17].http://www.woshipm.com/operate/300499.html.

[36] 泽传媒.大数据解读《国家宝藏》如何让文化鲜活于世 [EB/OL].[2017-01-05].https://k.sina.cn/article_2812652242_a7a5aad2019003m0n.html.

[37] 第一财经商业数据中心.2020 跨境出口市场消费趋势报告 [R/OL].[2020-11-30].https://www.cbndata.com/report/2484/detail?isReading=report&page=1.

[38] 新浪财经.微博发布 2021 年第二季度财报 [R/OL].[2021-08-18].https://finance.sina.com.cn/stock/usstock/c/2021-08-18/doc-ikqciyzm2193919.shtml.

[39] 巨量算数.中国泛知识付费行业报告 [R/OL].[2021-12-07].https://www.djyanbao.com/preview/2941326?from=search_list.

[40] 艾媒咨询.2021 年中国汉服产业现状及消费行为数据研究报告 [R/OL].[2021-07-16].https://www.iimedia.cn/c1061/81620.html.

[41] 艾媒咨询.2016 中国"互联网＋"传统文化发展专题报告 [R/OL].[2016-11-30].https://www.iimedia.cn/c400/46591.html.

[42] 光明日报.推动中华文化走出去 增强国家文化软实力 [N/OL].[2021-06-16].https://baijiahao.baidu.com/s?id=1702694159675087013&wfr=spider&for=pc.

[43] 新京报."时装奥斯卡"背后的中国想象 [N/OL].[2015-05-07].http://epaper.bjnews.ccom.cn/html/2015-05/07/content_575460.htm?div=-1.

[44] David Muggleton，Rupert Weinzierl.*The Post-Subcultures Reader*[M]. Oxford：Berg Publishers，2004.

[45]   Jonathan Epstein.*Youth Culture*：*Identity in a Postmodern World*[M].
        Oxford：Wiley-Blackwell，1988.

[46]   Gelder K.*The Subcultures Reader*[M]. Edition London and New York：
        Routledge，2008.